OBERPOLIZIST

OTTO

DOPPELAGENT

WAMPE

1. Auflage 2020
© Ueberreuter Verlag GmbH, Berlin 2020
ISBN 978-3-7641-5179-9
Lektorat: Angela Iacenda
Umschlag- und Innenillustrationen: Caroline Opheys

Druck und Bindung: Finidr, s. r. o., Český Těšín

Gedruckt auf Papier aus geprüfter nachhaltiger Forstwirtschaft.
www.ueberreuter.de

Angelika Niestrath & Andreas Hüging

GÄNGSTER Pferde

Mit Illustrationen von
Caroline Opheys

ueberreuter

DIE FREMDEN

»Ho, Romeo! Was geht ab?« Als Bocky Bill an diesem Morgen die Augen aufschlug, hatte er keine Ahnung, wo er war. Ein Stück entfernt schnarchte sein Kumpel Romeo. Er hatte die Nase in einem Büschel gelber Blumen vergraben und lächelte im Traum.

»Typisch«, schnaubte Bocky, »der braucht wieder seinen Schönheitsschlaf.«

Er sah sich neugierig um. Der sonnige kleine Platz war umgeben von Felsen und niedrigen Kiefern. Zwischen den Steinen sprudelte ein schmaler Bach hervor und plätscherte lustig durch das hohe Gras. Na klar! Plötzlich erinnerte Bocky sich an die vergangene Nacht: Es war so finster gewesen, dass sie den Weg durch die Berge nicht mehr sehen konnten. Da waren sie einfach dem Geräusch des Wassers gefolgt, bis sie zu müde waren, um

weiterzugehen. Schließlich hatten sie sich fallen lassen, wo sie gerade standen.

»Komm in die Hufe, Amigo!« Bocky stupste seinen Freund an, der immer noch selig schlummerte. »Mach die Augen auf!«

»Mhhhhm?« Romeo blinzelte verschlafen ins Sonnenlicht. »Wo sind wir?«

»Das sehen wir uns jetzt an«, sagte Bocky. Mit dem Kopf wies er auf die Stelle, wo der Bach hinter ein paar Büschen verschwand. »Los, beweg dich!«

Nebeneinander stolperten die Freunde durch das bucklige Farnkraut. Ein struppiges gescheckstes Pony mit einem roten Tuch um den Hals. Und ein schickes schwarzes Vollblutpferd. Na ja, im Moment nicht ganz so schick. Beide sahen aus, als hätten sie schon eine Weile keinen Stall mehr von innen gesehen. Oder etwas Anständiges zu essen gekriegt.

»Hab ich einen Hunger«, stöhnte Romeo prompt. »Meinst du, wir finden hier –«

Dann verschlug es ihm die Sprache. Sie waren am Rand der Felsen angelangt, und zu ihren Hufen lag …

»Schlaraffenland!« Ungläubig starrte Bocky ins Tal

4

hinab: Da waren saftig grüne Felder, so weit das Auge reichte. Dahinter lag ein verschlafener kleiner Ort – eigentlich nur ein paar kleine Häuser und ein deutlich größeres, das etwas abseits lag. Das große Gebäude war umgeben von üppigen Gemüsegärten. Es gab auch Gewächshäuser, deren Fenster in der Sonne blitzten. Sicher voll mit Karotten und Kräutern! Und über allem hing ein süßer, appetitlicher Duft …

Bocky wusste nicht, was da so herrlich roch, aber es ließ ihm das Wasser im Maul zusammenlaufen.

»Unglaublich«, sagte Romeo träumerisch. »Siehst du irgendwo Zäune oder so was?«

»Nö.« Bocky grinste. »Wollen wir dann?«

»Aber, hallo«, schnaubte sein Freund. »Seit wann brauchen wir 'ne Einladung?«

Gleichzeitig hoben die beiden ein Vorderbein und ließen lässig ihre Hufe gegeneinanderkrachen. Dann jagten sie wiehernd den Hang hinunter und stürzten sich ausgehungert in die duftenden grünen Felder.

EIN BRUDER ZUM WEGLAUFEN

Auf der anderen Seite der Felder, in dem kleinen Ort Chili, erlebten die Einwohner einen ganz normalen Tag. Niemand ahnte, dass gerade zwei Fremde ins Tal gekommen waren. Oder dass in Kürze jede Menge Ärger auf sie zukommen würde. Am allerwenigsten Ahnung hatte wie immer Otto, das Polizeipferd.

»Du gehst in die Polizeischule, und damit basta!«, schimpfte Otto gerade und sah streng auf seine kleine Schwester hinunter. Die sollte nämlich später auch einmal für die Polizei arbeiten.

»Polizeischule, iiiiieeehiehiehich???«, wieherte Sista. Eigentlich hieß sie Sieglinde, aber das war ja so was von uncool.

»Schule ist doch total öde!« Sista stampfte mit dem Huf auf, dass es knallte.

»Es ist wichtig, dass du etwas lernst«, meckerte Otto. »Du kannst doch nicht den ganzen Tag herumstreunen und nichts tun!«

»Und ob!« Ehrlich gesagt, stellte Sista sich das Leben ziemlich genau so vor. Höchstens mit ein bisschen mehr Action. Aber Action und Abenteuer gab es in Chili nicht – dafür sorgten Otto und sein Chef, der Polizist Hubert. Die beiden waren sozusagen allergisch gegen Action. Leider.

»In diese Langweilerschule geh ich nicht«, schnaubte Sista noch einmal, »hundertpro nicht!« Und sie stürmte auf die Straße hinaus, bevor Otto sich ihr in den Weg stellen konnte. Krachend schlug die Stalltür hinter ihr zu. Nebenan im Haus zuckte der Polizist Hubert nur kurz zusammen. Das tägliche Gezoffe der Geschwister kannte er schon. Auch wenn er natürlich nicht verstand, worum es ging. Es war, wie gesagt, ein ganz normaler Tag in Chili – oder?

Als Sista kurz darauf durch die Felder stapfte, war sie immer noch sauer auf Otto. »Überhaupt! Nie! Keine! Schule!«, schimpfte sie im Takt ihrer Schritte. Sie merkte gar nicht, wohin sie lief, so sehr ärgerte sie sich. »Blöder! Alter! Wichtigtu-hu-uuuhps?« Sista erstarrte.

Wie aus dem Nichts standen plötzlich zwei Fremde vor ihr. Der eine war fast so groß wie Otto, mit einer eleganten langen Mähne und einem stolzen Schweif. Der andere war klein und hatte einen verwegenen braunen Fleck um sein linkes Auge. Der Rest von seinem Gesicht war hinter einem roten Tuch verborgen. Beide schauten sie finster an, und Sistas Herz machte einen jähen Sprung.

»Seid – äh – seid ihr zwei Gängster?«, fragte sie begeistert.

»Zieh Leine, Kleine«, sagte der Scheckige.

»Ich mein ja nur, ich – ich bin nämlich auch einer!«, stammelte Sista.

Ganz geheuer waren

ihr die beiden nicht. Aber hallo, echte Abenteurer! Das sah man sofort. Und die Chance ließ sie sich nicht entgehen.

»Entschuldige, was bist du?«, fragte der Große. Er hatte sehr schöne Augen.

»Ein Gängster!«, beteuerte Sista. »Also Gängsterin. Ich bin – äh – auf der Flucht«, fügte sie schnell hinzu. »Vor der Polizei, ihr wisst schon.«

»Polizei?« Die beiden Fremden sahen sich an. »Was soll das heißen?«

»Aaach, nicht so wichtig«, ruderte Sista zurück. »Bloß mein Bruder Otto. Der will, dass ich auch zu dem Verein gehe.« Sie grinste frech. »Ganz schön beknackt, oder?«

»Dein Bruder ist 'n Bulle?« Der Scheckige verstand anscheinend keinen Spaß.

»Pass mal auf, Prinzessin«, sagte der Große. »Wir zählen jetzt bis drei – und dann bist du verschwunden, okay?«

»Und wenn du diesem Otto auch nur ein Sterbenswörtchen erzählst, dann gibt's Ärger«, ergänzte der Scheckige. »Ist das klar, Puppe?«

»Eins«, zählte der Große, »zwei –«

Sista schluckte nervös. Das lief ja
nicht so richtig super.

»Ich verrate nichts, echt jetzt«, sagte sie schnell.
»Großes Gängsterehrenwort.«

IM BOHNENGEWITTER

»Pfffffft«, machte Bocky. »Was war das denn?«

»Neugierige Nervensäge«, sagte Romeo. »Die sehen wir hoffentlich nie wieder.«

»Kinderkacke.« Sie grinsten sich an. Dann fraßen sie weiter, obwohl ihre Bäuche schon längst rund waren wie Kürbisse. Doch Bocky ging die Sache irgendwie nicht aus dem Kopf. »Und wenn die Kleine doch was ausplaudert?«, fragte er nach einer Weile.

Keine Antwort.

»Hey, ich hab dich was gefragt, Amigo!«

»Ohooohohoo«, stöhnte Romeo.

»Hä?« Billy drehte sich um – und traute seinen Augen nicht: Da lag sein eleganter Kumpel auf dem Boden und krümmte sich, als müsste er gleich –

»Was ist los?«, fragte Bocky. »Ist dir schlecht?«

»Ouhmmhhhmimimi«, stöhnte Romeo. Dann machte er ein wirklich schlimmes Geräusch und kurz darauf …

»Igitt, das riecht ja widerlich!« Bocky rümpfte die Nüstern.

»Ich glaub, ich hab was Falsches gegessen«, jammerte Romeo.

»Quatsch«, widersprach Bocky, »was soll denn das gewesen sein? Wir haben doch beide genau dasselbe …« Er verstummte. Ganz plötzlich fühlte sein Bauch sich an, als wollte er gleich platzen. Bocky hatte gar nicht gewusst, dass er auch solche Geräusche machen konnte! Und dieser Geruch …

»Uhhrghäh, ist mir schlecht«, ächzte Romeo. »Musste das sein, Bocky?«

Nur ein paar Meter entfernt, gut verborgen zwischen den hohen Pflanzen, stand Sista und beobachtete erschrocken, wie die beiden sich auf dem Boden herumwälzten und grässlich stöhnten und pupsten. Sie war natürlich NICHT nach Hause gegangen, sondern ganz in der Nähe geblieben – zum Glück!

Als Sistas Blick auf die Futterreste fiel, die überall verstreut herumlagen, kapierte sie sofort, was passiert war: Die Gängster hatten ein halbes Bohnenfeld aufgefressen! Riesige Mengen unreifer Suppenbohnen, das haute das stärkste Pferd um. Das wusste jeder in Chili. Die Pflanzen dufteten herrlich, aber essen durfte man sie nicht, jedenfalls nicht roh. Monsterblähungen, Explosionsgefahr – da konnte nur noch ein Doktor helfen. Sista machte auf den Hinterhufen kehrt und galoppierte in die Stadt zurück, so schnell sie konnte. Von wegen Prinzessin! Jetzt

würde sie den Gängstern zeigen, dass sie keine dumme Puppe war! Schließlich hatte sie nicht nur einen Bruder bei der Polizei, oh nein! Sie hatte auch richtig nützliche Connections ...

WAMPE

»Wampe, hey Wampe!«

Wie ein Tornado stürmte Sista auf den Stall neben der Arztpraxis zu. Im allerletzten Moment stemmte sie alle vier Hufe gleichzeitig in den Sand: Vollbremsung! Als sich die Staubwolke langsam lichtete, tauchte Wampe in der Stalltür auf. Er war ein kleines graues Pony mit kurzen Beinen und einem Bauch, der seinem Namen alle Ehre machte. Ein Büschel Heu zwischen den Zähnen, blinzelte Wampe ins Tageslicht.

»Wo brennt's?«, kaute er träge.

»Ich brauche den Doc«, keuchte Sista atemlos. »Schnell! Aber geheim!«

Der Doc, das war Linda, die einzige Ärztin in der Stadt. Deshalb behandelte sie alle Einwohner von Chili, auch die Tiere. Außerdem war Linda die Mama von Jojo. Und Jojo, acht Jahre alt, war die Besitzerin von Wampe.

Normalerweise kamen Tiere natürlich nicht allein zu Linda und Jojo in die Praxis. Aber in speziellen Fällen, von denen die Menschen besser nichts erfuhren, konnte Wampe da etwas deichseln. Allerdings machte er das nicht umsonst.

»Entweder schnell oder geheim«, meinte das dicke Pony. »Beides geht nicht.«

»Muss aber«, beharrte Sista, »es geht um Leben oder Tod!«

»Dann kostet es extra«, bestimmte Wampe geschäftsmäßig. »Was liegt denn an?«

»Mega-Bohnenvergiftung«, stöhnte Sista. »Total krass.«

»Damit ist nicht zu spaßen«, nickte Wampe. »In welchem Zustand ist der Patient«?

»Zwei Patienten«, berichtigte Sista. »Und die sehen aus, als würden sie gleich explodieren!«

»Also Notfallmedizin für zwei, Geheimzuschlag …« Wampe rechnete. »Das kostet dich Sonderrationen für eine Woche – aber jeden Tag frisch geliefert«, verlangte er.

»Extrafutter, täglich frisch, null Problemo«, versprach Sista sofort. Sie hätte ALLES getan, um den kranken Gängstern zu helfen!

»Aber nicht, dass dein Bruder was merkt«, warnte Wampe. »Ich will keinen Ärger mit der Polizei.«

»Otto?«, schnaubte Sista verächtlich. »Der merkt überhaupt nichts, keine Sorge. Beeil dich lieber mit der Medizin!«

»Dann versteck dich da im Gebüsch«, kommandierte

18

Wampe. »Ich hab schon einen Plan.« Mit der Nase schob er geschickt den Riegel der Stalltür zurück und trottete hinüber zu Lindas Arztpraxis. Doch plötzlich, auf halbem Weg –

»Öööööaaaargghh!«

Sista staunte nicht schlecht, als Wampe auf einmal anfing laut zu stöhnen. Es klang haargenau wie bei den Gängstern draußen im Feld!

»Was ist los, bist du krank?«, fragte sie alarmiert.

»Spinnst du, sei still!«, zischte Wampe leise. Dann jammerte er laut weiter: »Oijoijoijii, oje, wie das wehtut. Hilfe, Hilfe!«

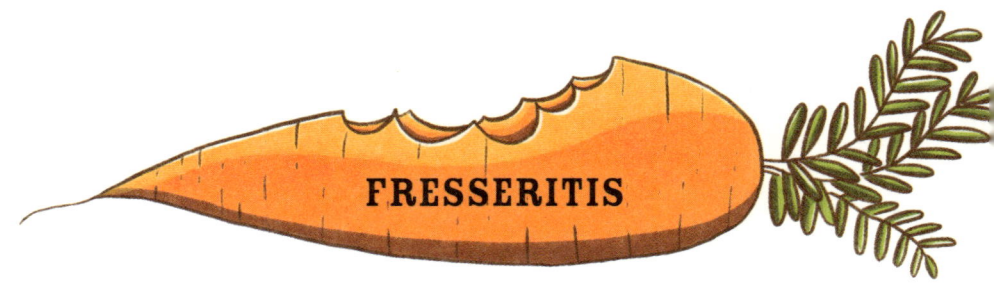

FRESSERITIS

Das dichte Gebüsch unter dem Fenster der Arztpraxis war ein perfekter Beobachtungsposten. Kaum hatte Sista sich dort versteckt, da schrillte drinnen die Türglocke, und Wampe schleppte seinen dicken Bauch über die Schwelle der Praxis.

»Mensch, Wampe!«

Erschrocken blickte Linda vom Behandlungstisch auf. Dort lag ein strubbeliger, kleiner Hund und erholte sich schnarchend von seiner Narkose.

»Mein Bauch, bitte, ich brauch Medizin!« Wampe stöhnte für drei Ponys.

»Pssst!«, machte Linda. »Bonanza hat gerade einen Backenzahn verloren, der braucht jetzt dringend Ruhe.«

»Aber ich bin ein Notfall!« Ächzend ließ Wampe sich vor Lindas Arztschuhen platt auf den Boden fallen. Dazu

rollte er die Augen, bis man nur noch das Weiße sah. Auf ihrem Posten am Fenster nickte Sista beeindruckt: Von Wampe konnte man echt noch was lernen!

Prompt jammerte das dicke Pony weiter: »Die Bauchmedizin, schnell – ich brauch 'ne Riesenportion!«

»Hast dich wieder überfressen, stimmt's?«, schimpfte Linda. Die Ärztin verstand zwar kein Wort Pferdesprache, aber meistens kapierte sie trotzdem schnell, was los war. Behutsam tastete sie Wampes Bauch ab. »Klarer Fall von Fresseritis!«, stellte sie fest. Dann öffnete sie den Medizinschrank und holte eine große grüne Flasche hervor. »Das bringt dich wieder auf die Hufe«, sagte sie. »Aber ich warne dich, wenn du das nächste Mal –«

»Mama, ich brauch ein Pflaster!« Wie ein Wirbelwind stürmte Jojo in die Praxis und zeigte einen blutenden Ellbogen vor.

Wahrscheinlich wieder das Mountainbike, dachte Sista am Fenster.

Wampes Besitzerin liebte es, mit dem Fahrrad ungebremst die Hügel hinunterzubrettern. Kleine Unfälle machten ihr meistens nicht viel aus. Auch diesmal nicht:

Sobald Jojo den Hund auf dem Behandlungstisch entdeckt hatte, war die blutige Schramme vergessen.

»Mein armer Bonanza«, rief sie.

»Super Timing!«, freute sich Sista.

Wampe hatte das natürlich auch erkannt. Während Jojo den Hund tröstete und ihre Mutter nach Pflastern suchte, sprang er erstaunlich schnell auf die Hufe. Mit den Zähnen schnappte er sich die volle Medizinflasche und warf sie in hohem Bogen durchs offene Fenster.

Geschickt fing Sista die Flasche auf. Dann sah sie bewundernd zu, wie das dicke Pony ganz unschuldig aus der Praxis schlenderte, als ob nichts gewesen wäre. Der Typ hatte es wirklich drauf.

»Na, so was«, staunte Linda. »Das war wohl eine Wunderheilung!«

»Was hatte Wampe denn?«, fragte Jojo neugierig. »Er sah gar nicht krank aus.«

»Eben war ihm noch schlecht.« Linda schüttelte den Kopf. Doch weil in diesem Augenblick der Hund Bonanza aus der Narkose erwachte, dachte sie nicht weiter darüber nach. Ja, sie bemerkte nicht einmal, dass die Flasche mit der Medizin fehlte.

Nur Jojo zog misstrauisch die Nase kraus. Sie hatte Wampe bekommen, als sie noch ganz klein

war. Jahrelang waren sie unzertrennlich gewesen. Und auch wenn Jojo inzwischen lieber Mountainbike fuhr, als auf Wampe zu reiten, kannte sie ihren alten Freund immer noch sehr, sehr gut.

»Da ist doch was im Busch«, murmelte sie vor sich hin. Und damit hatte sie natürlich vollkommen recht.

PENG! PUFF! BOING!

Die Medizinflasche zwischen den Zähnen, preschte Sista zurück zu den kranken Gängstern.

Hoffentlich komme ich noch rechtzeitig, dachte sie atemlos. Hoffentlich finde ich sie überhaupt wieder!

Tja, diese Sorge hätte sie sich sparen können: Die riesige Pupswolke über dem Bohnenfeld war nämlich beim besten Willen nicht zu verfehlen. Sogar die Krähen flogen einen Bogen um die Stelle!

RUMMER PUPS

Die Gängster krümmten sich immer noch am Boden und machten abwechselnd ganz schreckliche Geräusche.

»Hallo, ich bin's«, rief Sista vorsichtig. »Ich bringe euch Medizin gegen – äh … die Stinkerei.«

»Quatsch nicht rum, her damit!«, stöhnte der Scheckige.

»Hilfe, das drückt wie Hölle«, japste der Große. Genauso roch es auch.

Sista kniff die Nüstern zusammen. Aber da musste sie jetzt durch. Beherzt zog sie den Stöpsel aus der Flasche und schüttete den beiden die ganze Medizin direkt ins Maul. Dann wartete sie ängstlich darauf, dass die Wirkung einsetzte. Leider hatte sie keine Ahnung, wie lange das dauern konnte. Lang hingestreckt lagen die Gängster auf dem Boden und rührten sich nicht mehr. Nur gelegentlich entfuhr ihren Bäuchen noch ein lautes Peng!, Puff! oder Boing!. Dann war es wieder still. Bis endlich ein Trupp Krähen fröhlich krächzend über ihre Köpfe segelte.

»Da, ein gutes Zeichen«, rief Sista erleichtert. »Die Stinkwolke verzieht sich!«

»Hä?«, machte der große Gängster schlapp.

»Mir egal«, brummelte der Scheckige. Doch es war eindeutig, dass es den beiden allmählich besser ging. Eine Weile später rappelte der Große sich langsam auf. Leicht schwankend ging er auf Sista zu.

»Scheint, als hättest du uns gerettet«, sagte er und schaute sie mit seinen schönen Augen an. »Respekt, Prinzessin. Dafür hast du was gut.«

»Keine Ursache.« Sista wollte sich auf keinen Fall anmerken lassen, wie beeindruckt sie von dem eleganten Gängster war. »Ich heiße übrigens nicht Prinzessin«, fügte sie mutig hinzu, »sondern Sista. Das ist ein Gängstername.«

»Was du nicht sagst.« Jetzt kam auch der Scheckige auf die Hufe. Vor seinem Gesicht trug er wieder das rote Tuch. Sista wich unwillkürlich einen Schritt zurück, und der Scheckige nickte zufrieden.

»Ich heiße Bocky Bill«, sagte er. »DAS ist ein Gängstername. Und der Schönling da drüben heißt Romeo – aber vertu dich nicht! Er hat es faustdick hinter seinen hübschen Ohren. Und jetzt zieh Leine, wir müssen uns erholen.«

»Ich soll – was?«, protestierte Sista enttäuscht. »Aber ich dachte, ihr lasst mich …«

»… bei uns mitmachen?«, feixte Bocky Bill. »Das ist doch hier kein Kindergarten!«

»Jetzt lass die Kleine mal«, mischte Romeo sich ein. »Nimm's Bocky nicht übel«, sagte er zu Sista. »Der war früher mal auf einem Ponyhof. Da hat er mit Mädchen nicht so gute Erfahrungen gemacht. Die haben ihn gerne als Einhorn verkleidet, weißt du?« Er kicherte.

»Klappe, Romeo!« Bocky war die Geschichte anscheinend peinlich.

»Also, ich finde Einhörner total doof«, beteuerte Sista schnell. »Ganz ehrlich! Außerdem, wenn ihr mich mitmachen lasst, kann ich richtig nützlich sein.«

»Sooo?«, machte Bocky skeptisch.

»Ja, ich kann –« Sista überlegte fieberhaft. Dann hatte sie eine geniale Idee: »Ich kann euch ein Versteck zeigen«, sagte sie stolz.

»Ein Versteck?« Romeo spitzte die Ohren.

»Eine verlassene Farm in den Bergen«, nickte Sista. »Da könnt ihr euch erholen.«

Die beiden Gängster sahen sich an.

»Und woher sollen wir wissen, dass da nicht plötzlich dein Bruder vor der Tür steht?«, fragte Bocky misstrauisch. »Dieses Polizeipferd?«

»Weil«, sagte Sista beleidigt, »wenn ich Otto was verraten wollte, hätte ich das längst getan. Als ihr hier rumlagt und die Vögel vom Himmel gepupst habt, zum Beispiel.«

Ups! Jetzt war sie zu weit gegangen – oder? Warum musste sie auch immer so frech sein! Sista biss sich auf die Zunge.

Doch zu ihrer großen Überraschung fing Romeo an zu lachen.

»Gut gesagt!«, wieherte er. »Wo sie recht hat, hat sie recht. Was meinst du, Bocky – schauen wir uns dieses Versteck mal an?«

»Meinetwegen«, schnaubte Bocky gnädig. Anscheinend fand er Mädchen weniger schlimm, wenn sie nicht auf den Mund gefallen waren.

JOJO WUNDERT SICH

Ganz in der Nähe, am Rand des Bohnenfelds, stand Jojo hinter einem Baum und beobachtete, wie Sista, Bocky und Romeo Richtung Berge aufbrachen.

Neugierig schlich sie näher heran und betrachtete die Stelle, an der die Pferde gerade noch die Köpfe zusammengesteckt hatten: aufgewühlte Erde, zertrampelte Pflanzen und überall Reste von unreifen Bohnen ... Jojo runzelte die Stirn. Dann entdeckte sie die leere Medizinflasche aus Lindas Praxis auf dem Boden.

»Wampe«, flüsterte sie argwöhnisch. »Wusste ich's doch, dass da was faul ist!«

DIE BULLY FARM

»Sieht aus, als hättest du uns nicht zu viel versprochen, Sista.«

Romeo stand unter einem windschiefen Holztor und betrachtete neugierig den weißen Bullenschädel, der ganz oben an einem Schild hing.

»Willkommen auf der Bully Farm«, stand da in verwitterten Buchstaben – doch das konnten die Pferde natürlich nicht lesen.

»Hier ist bestimmt seit vielen Jahren

kein Mensch gewesen«, stimmte Bocky Bill zu. »Gut gemacht, Puppe!«

»Ich bin KEINE –«

»Ja, ja, reg dich ab.« Zufrieden ließ Bocky seinen Blick über die Farm schweifen: Das alte Wohnhaus war halb verfallen – hier würde ganz sicher so bald niemand mehr einziehen! Die wacklige Scheune hatte große Löcher im Dach und war kaum noch zu gebrauchen. Nur der geräumige Stall sah stabil und trocken aus. Dort konnten sie ungestört wohnen. Und das Beste war: Das alles lag gut versteckt zwischen zwei steilen Hügeln – und trotzdem ganz nah an den herrlichen Gemüsefeldern und Gewächshäusern von Chili. Hinter dem Haus floss derselbe Bach vorbei, den sie bei ihrer Ankunft in der Nacht schon gesehen hatten. Nur dass er hier viel breiter war und sich träge durch eine Blumenwiese schlängelte.

»Guck mal, Romeo«, feixte Bocky, »da kannst du ein Bad nehmen!«

»Gute Idee«, meinte Romeo ernsthaft. »Mein Schweif sieht langsam wirklich nicht mehr schön aus.«

Dann hielt er Sista seinen rechten Vorderhuf hin: »High Hufe, Sista – das ist wirklich ein geniales Versteck!«

»Kinderspiel«, sagte Sista, so lässig sie konnte. Doch insgeheim platzte sie beinahe vor Stolz.

Mit einem feierlichen KLONK! schlugen ihre Hufe gegeneinander.

Bocky war inzwischen auf einen Felsen gestiegen und spähte zu den Häusern von Chili hinüber.

»Hey, Sista«, rief er hinunter, »was ist das für ein großes Gebäude dahinter – das mit den qualmenden Türmen?«

Sista bemerkte zufrieden, dass er sie zum ersten Mal nicht »Puppe« genannt hatte.

»Das ist die Dosensuppenfabrik«, erklärte sie eilig. »Da machen sie Darlings Bohnensuppe. Spezialgewürzt und weltberühmt. Nach Geheimrezept!«

Gemeinsam mit Romeo kletterte sie zu Bocky auf den Felsen.

Bocky zeigte auf die endlosen Felder und Gewächshäuser ringsherum.

»Das ganze Gemüse hier wird zu Suppe verarbeitet?«, schnaubte er empört. »Eine Schande ist das!«

»Da hast du recht«, nickte Sista. »Aber die Menschen sind ganz verrückt danach. Für die geheime Gewürz-

mischung haben sie sogar ein extra sicheres Lager gebaut. Das weiß ich von Otto.«

»Extra gesichert, ja klar!«, wieherte Bocky. »Das Lager möchte ich sehen, in das wir nicht reinkommen, oder Romeo?

»Gibt's nicht«, bestätigte Romeo. »Aber seine Wunderwürze kann dieser Darling trotzdem behalten. Ich halt mich an die frischen Zutaten, die sehen einfach köstlich aus.«

»Stimmt!«, lachte Bocky zufrieden. »Von mir aus teilen wir uns die Mahlzeiten auf: Zum Frühstück was aus dem Gewächshaus, mittags Grünzeug vom Feld, und abends plündern wir die Gärten. Zwischendurch legen wir erholsame Nickerchen ein. Klingt doch herrlich!«

»Die Sache hat nur einen Haken«, wandte Sista vorsichtig ein.

»Haken?« Von beiden Seiten starrten Bocky und Romeo sie an.

»Wovon sprichst du?«

PROBEZEIT

»Der Haken ist die Polizei«, erklärte Sista.

»Polizei?« Romeo zog die Stirn kraus.

»Hab ich dir nicht gesagt, du sollst uns deinen blöden Bruder vom Hals halten?«, meckerte Bocky.

»Ich kann doch nichts dafür«, gab Sista zurück. »Otto und sein Chef Hubert reiten nun mal ständig Streife!«

»Auch nachts?«, fragte Romeo.

»Oh ja!«, erwiderte Sista. »Otto sagt, im Dunkeln sind die Diebe besonders frech.«

»Das hat er gut erkannt.« Bocky grinste.

»Man bräuchte jemanden, der weiß, wann sie zu ihrem Rundgang aufbrechen«, überlegte Romeo.

»Und in welche Richtung«, nickte Bocky. »Genial! Dann gehen wir einfach in die andere Richtung und schlagen uns da die Bäuche voll. Aber wer …?«

»Wampe!«, rief Sista aufgeregt.

»So dick ist Bocky nun auch wieder nicht«, grinste Romeo.

»Das meinte ich doch gar nicht!« Sista stampfte ungeduldig mit dem Huf auf. »Wampe ist ein Pony in der Stadt«, erklärte sie schnell. »Sein Stall ist gleich gegenüber der Polizeistation. Er könnte uns warnen – mit Lichtzeichen oder so.«

»Und du meinst, dieser Wampe lässt sich kaufen?« Bocky schaute interessiert.

»Er hat die Medizin für euch geklaut«, bestätigte Sista, »gegen ein paar Extraportionen Futter. Ich denke, wenn wir ihn an unserer Beute beteiligen …«

»WIIIIIR ihn beteiligen?«, wieherte Bocky sofort, »An UNSEEERER Beute?«

»Immer langsam.« Romeo stupste seinen Kumpel in die Seite. »Sista hat die Pupserei gestoppt, schon vergessen? Und sie hat uns diese wirklich coole Farm gezeigt. Wenn sie uns jetzt noch einen Spion besorgen kann, dann finde ich –«

»Ist ja gut«, stöhnte Bocky. »Hab's verstanden. Die

Nachwuchsgängsterin kann mitmachen. Aber nur zur Probe, klaro?« Er schaute Sista streng an.

»Yippiiiiiyeah!«, jauchzte Sista und machte vor Freude einen wilden Bocksprung. Fast wär sie dabei vom Felsen gerutscht, doch Romeo bremste sie im letzten Moment ab.

»Nicht so stürmisch«, zwinkerte er freundlich, »denk an die Probezeit.«

»Yo, Boss.« Sista zwinkerte zurück, so cool sie konnte.

»Hört auf, Süßholz zu raspeln«, verlangte Bocky. »Jetzt reden wir übers Geschäft.«

GÄNGSTER-PFERDE-STUNDE

Sista träumte von einer wilden Jagd über weite Felder. Romeo und Bocky galoppierten an ihrer Seite und Romeos lange Mähne wehte im Wind. Seit sie am Nachmittag im Bach hinter der Farm gebadet hatten, glänzte sein Fell wie dunkle Seide. Als sie nach dem Bad in der Sonne trockneten, hatte der schöne Hengst ihr erzählt, dass er früher ein Rennpferd gewesen war. Doch bald hatte er keine Lust mehr gehabt, sich für seinen Besitzer das Herz aus dem Leib zu sprinten. Schließlich war er abgehauen. Kurz darauf hatte er Bocky Bill getroffen. Seitdem waren die beiden zusammen unterwegs und taten nur noch, was sie wollten.

»Genau wie ich«, seufzte Sista im Traum. Sie warf einen Blick über die Schulter und sah in der Ferne Otto und Hubert, die sie wütend verfolgten.

»Mach's gut, Bruderherz«, grinste sie glücklich.

»Na, träumst du schön?«, schnauzte Bocky Bill.

»Waas, ich, warum …?« Sista öffnete die Augen und der Gängster schaute grimmig zurück.

»Pennt auf ihrem Posten, und das in der Probezeit!«, schimpfte er. »Wolltest du nicht Wache halten?«

Auweia! Das stimmte. Schuldbewusst ließ Sista den Kopf hängen. »Bin wohl kurz weggenickt«, nuschelte sie.

»Was du nicht sagst«, grummelte Bocky. Doch

zu ihrer großen Erleichterung beließ er es dabei. Energisch stapfte er zum Stall hinüber und weckte Romeo.

»Es ist so weit, gleich Mitternacht. Gängster-Pferde-Stunde!«

Leise verließen die drei die Farm und näherten sich vorsichtig der schlafenden Stadt. Alle Fenster waren dunkel. Nur ab und zu war eine einsame Lampe zu sehen, die einen Hof beleuchtete.

Sista war aufgeregt. Jeden Augenblick konnten sie Otto und Hubert begegnen! Es war ein großes Risiko. Aber wenn sie es schafften, ungesehen zu Wampe zu kommen, würden sie in Zukunft immer im Voraus wissen, wann und wo die Polizeistreife gerade unterwegs war. So konnten sie in aller Ruhe die Gärten und Gewächshäuser plündern und niemand würde sie je erwischen – das hieß, wenn Wampe mitmachte!

Kurz darauf standen sie in einer schattigen Ecke gegenüber der Arztpraxis. Auch hier hing eine Lampe im Hof.

»Wir sind da«, flüsterte Sista. »Hier gleich nebenan ist die Polizeistation, und da drüben wohnt Wampe.«

»Hervorragend«, meinte Romeo. »Da kriegt er alles mit, was dieser Hubert treibt.«

»Sag ich doch«, grinste Sista stolz.

»Also dann.« Bocky zog sich das rote Tuch vor die Nase. »Machen wir ihm ein Angebot, das er nicht ablehnen kann.«

EIN UNWIDERSTEHLICHES ANGEBOT

»Heda, aufgewacht!«, rief Bocky forsch.

Erschrocken fuhr Wampe aus dem Schlaf und blinzelte. Mit dem Licht der Hoflampe im Rücken, waren Bocky und Romeo nur zwei undeutliche Schatten in der offenen Stalltür.

»Wer seid ihr?«, fragte das dicke Pony. »Und was soll das mitten in der Nacht?«

»Überfall«, sagte Romeo lässig. »Aber reg dich bloß nicht auf.«

»Hallo, Wampe«, drängte Sista sich vor. »Alles gut, wir wollen dir nichts tun.«

»Sei dir nicht zu sicher«, brummte Bocky.

»Bist du das, Sista?« Wampe trat einen Schritt näher und beäugte die drei Gängster argwöhnisch. »Was wollt ihr von mir?«

»Wir haben einen Job für dich«, sagte Romeo. »Erklär's ihm mal, Sista.«

Es dauerte nicht lange, und Wampe war hellwach.

»Ich soll euch Zeichen geben, wenn Hubert und Otto auf Streife gehen?«, fasste er zusammen. »Das ist aber gegen das Gesetz.«

»Du wirst gut dafür bezahlt«, erwiderte Bocky. »Hier, kleiner Vorschuss.« Er warf Wampe ein fettes Büschel Mangold hin, das er im Vorbeigehen aus einem Garten gerupft hatte.

Wampe kostete. »Nicht schlecht«, kaute er bedächtig. »Aber was ist mit meinem Risiko? Ich könnte erwischt werden.«

»Du willst nur den Preis in die Höhe treiben«, vermutete Romeo.

»Kann schon sein«, gab Wampe listig zurück. »Ich will ein Viertel von der Beute, täglich frisch. PLUS ihr schuldet mir noch was für die Medizin. Die hat Sista doch für euch geholt, oder?« Er grinste schlau.

»Ganz schön harter Knochen.« Bocky schnaubte anerkennend. »Also abgemacht. Ein Viertel der Beute. Dafür will ich aber einen Extratipp von dir. Du weißt doch bestimmt, wo es hier die dicksten Karotten gibt, oder?« Er blickte vielsagend auf Wampes runden Bauch.

»Gleich gegenüber«, nickte Wampe. »Wenn ihr euch traut.«

»Bei der Polizei?«, fragte Bocky begeistert.

»Ja, stimmt«, rief Sista. »Hubert züchtet sogar seine eigene Sorte! Dafür kriegt er immer den großen Preis im Gemüsewettbewerb«, erklärte sie ihren neuen Freunden.

»Dieses Jahr nicht«, grinste Romeo. »Verlass dich darauf.«

HASTA LA VISTA!

Auf dem Rückweg zur Bully Farm übten sie die Lichtzeichen, die sie mit Wampe vereinbart hatten.

»Ein Mal lang aufleuchten heißt: Otto und Hubert gehen auf Streife«, sagte Bocky.

»Zwei Mal kurz bedeutet, sie reiten nach Norden, drei Mal kurz nach Westen, vier Mal Osten und fünf Mal Süden«, ergänzte Sista. Stolz trabte sie neben Romeo her. »Stimmt doch, oder?«

»Stimmt genau«, nickte Romeo. »Und hektisch blinken heißt: Verzieht euch, aber dalli! Gut, dass dieser Wampe so gut mit dem Lichtschalter umgehen kann. So kriegen die uns nie.«

»Und wir kriegen Megamöhren, frisch von der Polizei«, schwärmte Bocky. »Preisgekrönt, aber hallo. Wie cool ist das, bitte?«

45

»Ein Traum«, bestätigte Romeo. »Schade, dass wir es nicht gleich heute machen konnten.«

»Aber gut, dass Wampe uns gewarnt hat«, sagte Sista. »Hab ich nicht gesagt, er ist der Richtige für den Job?«

Wampe hatte ihnen nämlich zum Abschied verraten, dass Otto und Hubert gerade jetzt auf Streife unterwegs waren.

»Ja, ja, schon gut. War ein super Tipp von dir«, sagte Bocky gnädig.

»Stellt euch das mal vor«, lachte Romeo. »Wir so im Polizeigarten, das Maul voll mit Möhren, und dann steht da plötzlich dieser – oh, oh!«

Er unterbrach sich mitten im Satz und machte große Augen.

»Was ist?« Sista folgte seinem Blick. »Ach du Schande!«

An der nächsten Ecke, keine drei Meter von ihnen entfernt, stand Otto. Und auf seinem Rücken saß Hubert, der Polizist.

»Halt, Fremde!«, kommandierte Otto. »Wer seid ihr?«

»Lass uns das machen!«, zischte Bocky Sista zu. Dann lauter: »Wer fragt?«

46

»Polizei«, sagte Otto streng. »Was habt ihr hier zu suchen, mitten in der Nacht?«

»Polizei?« Romeo ging Otto entgegen und versperrte dabei geschickt die Sicht auf Sista. »Das trifft sich gut, oder Bocky?«

»Stimmt genau«, sagte Bocky eifrig. »Wir haben nämlich eine Meldung zu machen.«

»So?« Otto sah sie aufmerksam an. »Wenn ihr etwas Verdächtiges gesehen habt, müsst ihr es mir sagen«, verlangte er wichtig.

»Ja also, wir wissen es natürlich nicht genau«, sagte Romeo scheinheilig, »aber wir glauben, wir haben da drüben einen Einbruch beobachtet.«

»Bei dem großen Gebäude mit dem Schornstein«, ergänzte Bocky.

»Ein Einbruch in der Suppenfabrik?«, fragte Otto skeptisch. »Die haben wir aber eben noch kontrolliert.« Misstrauisch spähte er über Romeo hinweg in die Dunkelheit. »Ist da noch jemand hinter dir?«, fragte er plötzlich.

»Was ist, worauf warten wir?«, rief der Polizist Hubert. Er hatte natürlich keine Ahnung, worüber die Pferde

47

sprachen, und wurde langsam ungeduldig. Gerade wollte er Otto um Romeo herumlenken, da –

»Die Verbrecher«, kreischte Bocky. »Sie entkommen!«

»Was? Wo? Wo sind sie?« Otto blieb stehen und schaute einen Moment lang wild in der Gegend herum – lang genug, dass Sista sich an ihm vorbeidrücken konnte, ohne erkannt zu werden.

Romeo stieg auf die Hinterbeine und präsentierte sich in seiner ganzen Größe.

»Hier sind wir«, wieherte er, »du musst schon richtig hinschauen!«

»Yoho, zu spät«, johlte Bocky und kickte mit beiden Hinterbeinen in Ottos Richtung. »Hasta la vista, Dummkopf! Oder besser: Auf Nimmerwiedersehen!«

Lachend machten die beiden kehrt und galoppierten in einer großen Staubwolke hinter Sista her.

BLOSS EIN TRAUM?

Zwei Straßen weiter schreckte Jojo plötzlich aus dem Schlaf. Es kam nicht oft vor, dass sie mitten in der Nacht aufwachte. Sie fragte sich, was sie geweckt haben konnte. Doch als sie aufstand, um aus dem Fenster zu sehen, war der Gängster-Pferde-Spuk schon wieder vorbei. Still und friedlich schlummerten die Straßen von Chili vor sich hin. Alles sah aus wie immer. Obwohl – da war eine Staubwolke, die ein Stück stadtauswärts über den Dächern schwebte. Und im Hof, direkt vor der Stalltür, lag ein frischer Mangold-stängel …

»Wampe, schon wieder«, flüsterte Jojo misstrauisch. Denn zum Abendbrot hatte ihr Pony bloß Heu und einen Apfel gehabt, das wusste sie ganz genau.

ALLES SUPER
IN CHILI

Das Wetter war herrlich, so wie meistens in Chili. Die
Sonne hatte früh am Morgen über die Hügel gelinst und
den Mond auf die andere Seite der Weltkugel geschickt.
Seitdem wanderte sie gemächlich über den fast wolken-
losen Himmel und schien angenehm warm auf Gemüsefelder und Gewächshäuser. In den wenigen Straßen der
kleinen Stadt kam das Leben erst langsam in Gang. Nur
in Darlings Dosensuppenfabrik lief die Arbeit bereits auf
Hochtouren. Die Schornsteine dampften, Transporter
brachten frisches Gemüse oder wurden mit Suppendo-
sen beladen, die von hier aus in die ganze Welt gingen.
Fast alles in Chili drehte sich um die berühmte Suppe
mit der geheimen Gewürzmischung: Wer nicht in Darlings Fabrik arbeitete oder Gemüse und Kräuter anbaute,
verkaufte die Spezialität an Touristen. Es gab sogar ein

Suppen-Museum! Die Bewohner von Chili waren damit rundum zufrieden, denn dank der Suppe ging es allen gut. Für die Polizei gab es normalerweise nicht viel zu tun. So hatte Hubert viel Zeit für die Karottenzucht. Gerade wässerte der Polizist seine Beete mit einer hübschen gelben Gießkanne. Große Blätterbüschel ragten vielversprechend aus der Erde. Daran hingen sicher saftige Möhren in Rekordgröße. Hubert sprach jeder Pflanze liebevoll zu:

»Brav, mein Schätzchen, wachs du nur ordentlich. Papa will doch wieder den ersten Preis bekommen.«

Vorne an der Straße, auf der Fensterbank der Polizeistation, glänzten in Reih und Glied die Pokale, die er mit seinen Riesenkarotten schon gewonnen hatte. Gut sichtbar, damit jeder, der vorbeikam, sie bewundern konnte.

Wampe genoss gerade sein erstes Frühstück. »Hey, Karottenkönig«, wieherte er zwischen zwei Bissen, »pass gut auf deine Schätzchen auf! Sonst gibt's dieses Jahr nur den Trostpreis.«

»Ruhe«, blaffte der Polizist, plötzlich gar nicht mehr liebevoll. Er war nämlich der Ansicht, dass Tiere sich nur melden sollten, wenn sie gefragt wurden. Außerdem konnte er Wampe natürlich nicht verstehen.

»Selber schuld«, lachte Wampe leise in sich hinein. »Wenn du wüsstest, was ich weiß …« Er schluckte den letzten Bissen hinunter und rülpste zufrieden: Höchste Zeit für ein Nach-dem-allerersten-Frühstück-Nickerchen. Doch kaum hatte das dicke Pony sich faul ins Stroh fallen lassen, da stapfte mit energischen Schritten Otto heran. Wichtig baute er sich in der offenen Stalltür auf.

»Letzte Nacht hatten wir Ärger mit zwei Fremden«, sagte das Polizeipferd. »Dann sind sie plötzlich verschwunden. Weißt du etwas davon?«

»Nachts schlafe ich«, gähnte Wampe. »Und jetzt eigentlich auch. Wenn dann weiter nichts ist …«

»Ist es aber«, unterbrach Otto ihn streng. »Meine Schwester ist nämlich auch verschwunden«, fügte er etwas kleinlaut hinzu.

»Oh, das tut mir leid«, sagte Wampe scheinheilig. »Klappt wohl nicht so richtig mit der Erziehung, was?«

»Kümmere dich um deine Angelegenheiten!«, blaffte Otto sauer. »Und mach gefälligst keine Witze über Hu-

berts Karotten!« Er warf sich in die Brust. »Natürlich ge-
winnen wir den ersten Preis. So wie jedes Jahr.«

»Wie du meinst«, grinste Wampe. Otto und Hubert
mochten immer noch glauben, dass sie in Chili alles im
Griff hatten. Doch da hatte sich der eine in den Finger
und der andere gewaltig in den Huf geschnitten.

ES GEHT LOS!

Auf der Bully Farm hatten Bocky Bill, Romeo und Sista den sonnigen Tag einfach verschlafen. Schließlich lag ein gefährliches Abenteuer vor ihnen, für das sie topfit sein mussten.

Am frühen Abend erwachte Bocky als Erster und weckte die beiden anderen auf feinste Gängsterart:

»Hey, Romeo, Schluss mit Schönheitsschlaf!«, brüllte er über den Hof. »Sista, wie wär's mit 'nem kleinen Imbiss? Ich habe einen Mordshunger!«

Na warte, dachte Sista. Sie war doch nicht zu den Gängstern gegangen, um sich herumkommandieren zu lassen! Und sie hatte auch schon eine Idee, wie sie Bocky das beibringen konnte …

»Aber gerne, Boss«, nickte sie strahlend. »Essen ist schon in der Mache!«

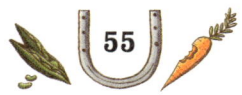

»Geht doch«, brummte Bocky zufrieden. Dass Sista heimlich etwas in seine Portion mischte, bekam er nicht mit. Im Gegenteil!

»Lecker!«, schwärmte Bocky kurz darauf. »Du machst dich, Kleine!«

»Gern geschehen, Boss.« Sista verbiss sich das Lachen. Rache ist süß, dachte sie. Und ein paar zerdrückte Bohnen waren eine gerechte Strafe – gerade genug für ein bisschen Bauchzwicken.

Romeo war inzwischen auf den Ausguck-Felsen gestiegen und wartete auf Wampes Zeichen.

»Da ist es!«, rief er plötzlich. »Ein Mal lang – es geht los!«

Bocky und Sista sprangen hinzu und sahen gerade noch, wie die Lampe unten in der Stadt wieder erlosch. Gespannt beobachteten sie, wie es kurz darauf fünf Mal kurz blinkte.

»Sie reiten nach Süden«, erkannten alle gleichzeitig.

Eine halbe Stunde später erreichten sie die ersten Häuser von Chili. Nur eine schmale Mondsichel dümpelte über der Stadt, sonst war alles dunkel und vollkommen still.

»Perfekte Bedingungen«, flüsterte Bocky, »man könnte eine Maus pupsen hören!«

»Und die Bullen suchen uns gerade ganz woanders«, grinste Romeo. »Dieser Wampe ist schon ein Superspion.«

Sista sagte nichts. Ihr wurde gerade etwas mulmig.

»Auf geht's, nichts wie ran an die Buletten, äh, Karotten!«, drängte Bocky. »Im Gängsterschritt, mir nach!«

Auf lautlosen Hufen setzten die Gängster sich in Bewegung. Sista folgte mit klopfendem Herzen. Ihr erster Überfall, und das praktisch direkt vor Ottos Haustür!

Schon kam die Polizeistation in Sicht, da blieb Bocky plötzlich stehen.

»Guckt mal, die haben uns gemalt«, sagte er.

Tatsächlich: An einer Bretterwand neben Huberts Stall hingen zwei große Plakate. Darauf waren zwei Pferde abgebildet, die Bocky und Romeo recht ähnlich sahen.

»GEFÄHRLICHE LANDSTREICHER«, stand da in fetten roten Buchstaben. Und: »POLIZEILICH GESUCHT!« Neben den Plakaten hing noch ein kleinerer Zettel mit einem Bild von Sista und der Aufschrift: »VERMISST!«

»Meine Ohren haben sie aber nicht gut getroffen«, maulte Romeo. »In Wirklichkeit sind die –«

»… viiiiieel schöner«, feixte Bocky. »Wissen wir doch. Kommt schon, wer zuerst im Karottenbeet ist!« Lässig zog er sich das rote Tuch vor die Nase und fiel voller Vorfreude in Trab, da –

»Prrrooopsss!«

Ein gewaltiger Pupser dröhnte durch die Stille der Nacht.

»Schschschsch, spinnst du?!«, zischte Romeo. »Das war aber keine Maus.«

»Nö, das war ich.« Verwundert schaute Bocky auf sein eigenes Hinterteil. »War da was im Frühstück?«

Au weia! Sista zog erschrocken den Kopf ein. Sie

konnte zwar nicht lesen, aber was auf den Plakaten stand, wusste sie trotzdem ganz genau: Otto und Hubert waren hinter ihnen her! Was, wenn sie jetzt entdeckt wurden – nur, weil sie Bocky beim Essen einen Streich gespielt hatte!?

Doch in den umliegenden Häusern blieb es dunkel und still.

»Hat anscheinend keiner gehört«, sagte Bocky munter. »Wollen wir dann?«

»Wenn du dich zusammen- reißt!«, warnte Romeo. »Noch so eine Explosion und die ganze Stadt ist wach!«

Was die Gängster-Pferde nicht wussten: Bockys Monster- pups hatte bereits jemanden aufgeweckt, und das war Jojo. Wie in der Nacht zuvor ging sie neugierig ans Fenster. Doch diesmal schaute sie gleich zum Stall hinüber und sah etwas äußerst Ungewöhnliches – nämlich Wampe, der mitten in der Nacht hellwach herumspazierte. Stun- den vor dem ersten Frühstück!

»Hier ist endgültig was faul«, flüsterte Jojo. »Mega faul.«

Kurz entschlossen zog sie ihre Turnschuhe an und schlich im Schlafanzug aus dem Haus.

RICHTIG GUTES ZEUG

»Delikat, dieses Polizeigemüse!« Romeo hatte die Augen geschlossen und knabberte genießerisch an seiner dritten Möhre. Die erste war ungewöhnlich groß gewesen, die zweite riesig, aber diese hier war einfach …

»Eine Königskarotte!«, schwärmte er.

»Maf find efte Momftermöhren«, mampfte Bocky Bill mit vollem Maul. Dann schluckte er den Rest hinunter und nickte begeistert. »Richtig gutes Zeug, was?« Er schaute zu Sista hinüber, die zögernd am Rand des Beetes stand.

Schnell rupfte Sista ein gutes Dutzend Karotten aus der Erde. Das war Wampes Anteil für's Schmierestehen. Ihr selbst war der Appetit ein bisschen vergangen. Schließlich waren sie gerade dabei, Huberts Garten zu verwüsten! Nicht, dass sie es dem unfreundlichen Poli-

zisten nicht gönnte. Otto sowieso. Und Gefahr gehörte zum Gängsterleben nun mal dazu. Trotzdem, in ihren Träumen war es immer irgendwie schöner gewesen, verbotene Sachen zu machen. Da hatte sie vor allem keine Angst gehabt – und auch kein schlechtes Gewissen.

»Ran an die Beute, ho!«, rief Bocky ihr übermütig zu.

»Lass doch die Kleine«, meinte Romeo, »sie ist ja noch in der Probezeit.«

Die Kleine, hallo? Doch Sista beschwerte sich ausnahmsweise nicht darüber. Es stimmte ja. Sie musste wohl noch ein bisschen üben, bis sie eine echte Vollblut-Gängsterin war. Schon wieder etwas mutiger, zog sie noch eine Karotte aus dem Beet und biss vorsichtig hinein. Bocky hatte recht: Das war richtig gutes Zeug!

GEISTESBLITZE

Zur selben Zeit, am anderen Ende der Stadt, drehten Otto und Hubert ihre nächtliche Runde. Während sie langsam durch die Felder ritten, erzählte Hubert von seinen Karotten. Kurz vor dem großen Gemüsewettbewerb kannte er kein anderes Thema.

»Weißt du noch vorletztes Jahr, Otto?«, sagte der Polizist. »Da hat August Darling persönlich seine dickste und längste Suppenmöhre eingereicht.«

Otto erinnerte sich. Damals hätte der Fabrikant ihnen beinahe den ersten Preis weggeschnappt. Erst im letzten Moment hatten die Preisrichter sich doch wieder für Huberts Superkarotten entschieden! Otto schwoll immer noch die Brust vor Stolz, wenn er an diesen Moment zurückdachte. Immerhin hatte er auch einen Anteil an

Huberts Erfolg – und keinen ganz kleinen! Wenn er das Beet nicht immer so streng bewachen würde …

Moment mal! Ein schrecklicher Gedanke war durch Ottos großen Kopf geschossen. Stocksteif blieb er stehen.

»Halt!« Im selben Moment zog Hubert plötzlich am Zügel.

»Wir müssen das Karottenbeet kontrollieren«, schnaubte Otto. »Jetzt sofort! Was, wenn die verdächtigen Fremden –«

»Wir sollten umkehren und nach den Karotten schauen«, sagte Hubert alarmiert. »Was, wenn diese fremden Pferde …?« Er schnalzte mit der Zunge und lenkte Otto zurück Richtung Stadt. Nach all den gemeinsamen Jahren und vielen tausend Streifenritten dachten die beiden oft genau dasselbe. Auch wenn Hubert das meistens nicht mitbekam.

EIN ERNSTES WORT ZUR FALSCHEN ZEIT

»Wampe?«

»Huch!« Das dicke Pony erschrak nicht schlecht, als plötzlich Jojo im Schlafanzug vor ihm stand.

»Es ist mitten in der Nacht«, flüsterte sie argwöhnisch. »Warum schläfst du nicht?«

»Ich, öh – och, na ja«, druckste Wampe herum.

Für Jojo musste es klingen, als hätte er sich übel verschluckt. Dummerweise kannte sie ihn einfach zu gut.

»Du verheimlichst mir was«, sagte sie.

Wampe machte unschuldige Augen, aber Jojo schüttelte nur den Kopf.

»Ich habe diese Medizinflasche gefunden, weißt du?« Sie sah ihn streng an. »Und gestern Nacht hast du frischen Mangold gefuttert. Wo kam der eigentlich her?«

Als Antwort rieb Wampe zärtlich seinen Kopf an ihrer

64

Schulter. Doch das Ablenkungsmanöver funktionierte nicht. Ungeduldig schob Jojo ihn weg.

»Alter Schmeichler«, sagte sie. »Ich krieg schon noch raus, was du vor mir verheiml– Wampe? Hörst du mir überhaupt zu?«

Das dicke Pony stand plötzlich stocksteif da und starrte erschrocken auf die gegenüberliegende Straßenseite. Dort kamen gerade Hubert und Otto von ihrer Streife zurück. Viel zu früh! Und die Gängster im Karottenbeet ahnten nichts!

Hektisch schielte Wampe zum Lichtschalter, aber zwecklos. Jojo stand direkt davor. Wie sollte er da das vereinbarte Lichtzeichen geben? Sista und ihre Freunde saßen in der Falle!

HINDERNISRENNEN

Als Hubert und Otto sahen, was die Gängster mit ihrem Beet anstellten, schrien sie vor Empörung wild durcheinander.

»Hop, Stolizei – Quatsch!«

»Hufe hoch!«

»Stopp, Polizei!«

»Lasst die Möhren fallen!«

Sista schaffte es

gerade noch, sich hinter dem Geräteschuppen zu verstecken. Doch Bocky und Romeo hatten keine Chance. Die Mäuler voll mit Monstermöhren, standen sie völlig überrascht da. Traurig plumpsten links und rechts die Reste zu Boden.

»Nix wie weg!« Bocky zog rasch das rote Tuch vor die Nase.

»Wie denn, verdammt?«, fluchte Romeo. Er zeigte auf den Polizisten.

Hubert war inzwischen abgestiegen. Breitbeinig blockierte er die Straße stadtauswärts. Er hielt ein aufgerolltes Seil in den Händen und schaute die Gängster finster an. Auf der anderen Seite versperrte Otto den Weg.

»He, Romeo, hast du auch Hindernisrennen drauf?«, flüsterte Bocky hastig.

»Wieso?« Ratlos schaute Romeo von Hubert zu Otto und zurück.

»Weil du an Otto vorbeimusst«, erklärte Bocky. »Spring einfach drüber, ich knöpf mir diesen Hubert vor.«

»Was machen wir mit Sista?«, fragte Romeo.

»Wir müssen uns trennen, jeder für sich«, entschied Bocky. »Sonst gehen wir alle zusammen hoch. Auf mein Kommando … JETZT!«

Mit Karacho preschten sie in entgegengesetzte Richtungen davon.

Bocky hatte den Kopf gesenkt und ging wie ein wütender Stier auf Hubert los. Zum ersten Mal in seinem Leben wäre er gerne ein Einhorn gewesen. Einfach hochnehmen würde er den Karottenkönig – ha!

Als Hubert begriff, dass das scheckige Pony ihn einfach über den Haufen rennen wollte, weiteten sich seine Augen vor Schreck. Im allerletzten Moment hechtete er zur Seite und landete mit der Nase in seinem zerstörten Karottenbeet.

»Ha, ha«, triumphierte Bocky. »Hasta la vista!«

Romeo raste auf Otto zu. Im Kopf zählte er die Schritte bis zum Absprung. Noch fünf, vier, drei, zwei, eins … Pfeilschnell flog ein dunkler Schatten über das Polizeipferd hinweg, dann war auch Romeo entkommen. Ohne einen Kratzer abzukriegen! Mit großen Sätzen rannte er weiter, als plötzlich –

»Hey, aua! Was soll denn das!?«

Irgendetwas hatte sich um Romeos Hals gelegt und bremste ihn in vollem Lauf!

»Stehen geblieben!«, kommandierte Hubert schadenfroh.

»Hrrmpf«, schnaubte Romeo wütend. Er bockte und buckelte, er sprang seitwärts, vor und zurück, doch das Ding ließ sich einfach nicht abschütteln. Im Gegenteil, es zog sich nur immer fester zu! Der Polizist hatte ihn tatsächlich mit dem Lasso eingefangen.

BRUDERHERZ

In ihrem Versteck hinter dem Geräteschuppen beobachtete Sista entsetzt, wie Romeo abgeführt wurde. Ein grimmiges Grinsen im Gesicht, zerrte Hubert ihn zurück in den Hof der Polizeistation. Otto trabte nebenher und schaute stolz in die Runde.

Blöder Angeber! Sista schnaubte ärgerlich. Ihr Bruder wollte wohl sichergehen, dass auch ja alle in der Nachbarschaft mitbekamen, was für ein toller Hecht sein Chef war. Dabei gab es daran keinen Zweifel. Die Verhaftung auf offener Straße hatte so viel Lärm gemacht, dass in ganz Chili kaum noch jemand schlief.

Ringsum hatten die Leute sich vor ihren Häusern versammelt und tuschelten. Einige klatschten Hubert Beifall, andere zeigten bewundernd auf den Gefangenen. Mit seinen eleganten langen Beinen, der schwarzglänzen-

den Mähne und dem prächtigen Schweif sah Romeo einfach umwerfend aus. Ganz so, als ginge er nicht ins Gefängnis, sondern zu einem Schönheitswettbewerb. Linda und Jojo standen im Schlafanzug vor Wampes Stall und schauten zu, wie Hubert mit dem Rennpferd im Polizeistall verschwand. Bonanza kläffte aufgeregt.

Wieso hat Wampe uns eigentlich nicht gewarnt?, fragte sich Sista. Obwohl das nun eigentlich auch egal war. Romeo war verhaftet, Bocky über alle Berge und sie …

Traurig sah Sista zu, wie Otto sich wichtig vor der Stalltür postierte.

An mir kommt so schnell keiner vorbei, sollte das heißen. Und das Schlimmste war, dass er damit wahrscheinlich sogar recht hatte!

Sista seufzte. Im Augenblick gab es nur eine Sache, die sie tun konnte. Auch wenn es das Letzte war, wozu sie Lust hatte.

Sista wartete noch eine Weile, bis die Leute sich zerstreut hatten, dann trat sie aus ihrem Versteck hinaus und ging auf Otto zu.

»Hallo, Bruderherz.«

»Sieglinde!« Otto schnaubte missbilligend. »Wo bist

du die ganze Zeit gewesen? Hubert hat dich schon zur Fahndung ausgeschrieben.«

Sista senkte den Kopf. »Entschuldigung«, murmelte sie. »Ich habe im Feld zwei Fremde gesehen. Richtig gefährliche Typen waren das. Da habe ich Angst bekommen und mich versteckt.«

»Das kommt davon, wenn du dich alleine draußen herumtreibst«, mahnte Otto streng. »Aber jetzt musst du keine Angst mehr haben«, fügte er gnädig hinzu. »Einen der Gängster haben wir nämlich schon verhaftet. Und den zweiten kriegen wir auch bald.«

Wenn du dich da mal nicht täuschst, dachte Sista. Sie hoffte so sehr, dass Bocky es bis zur Bully Farm geschafft hatte! Laut sagte sie: »Super. Dann kann ich ja jetzt ruhig schlafen gehen.« Sie machte einen Schritt auf den Stall zu.

»Da nicht«, bremste Otto sofort. »Der Stall ist beschlagnahmt.«

»Beschlagnahmt, unser Stall?« Sista riss scheinheilig die Augen auf.

»Polizeilich, jawohl«, sagte Otto. »Du kannst heute Nacht bei Wampe schlafen. Und morgen entscheidet Hubert, was mit dem Gefangenen passieren soll.«

73

EIN TOLLER SPION

Als Sista zu Wampe in den Stall trat, lag das dicke Pony gemütlich im Stroh, als ob nichts gewesen wäre.

»Nicht zu fassen!«, regte Sista sich auf. »Warum hast du uns nicht gewarnt?«

»Ging nicht«, sagte Wampe. »Ganz ehrlich. Jojo stand direkt vor dem Lichtschalter. Sie muss irgendwas gemerkt haben.«

»Wahrscheinlich hast du dich verplappert«, schimpfte Sista. »Ein toller Spion bist du, aber wirklich!«

»Gut, dass du's erwähnst.« Wampe schaute gelassen zu ihr auf. »Was ist denn jetzt mit meinem Anteil?«

»Dein Anteil?«, fauchte Sista. »DU lässt die ganze Sache auffliegen und fragst nach deinem ANTEIL?!? Ist das dein Ernst?!«

»Logisch.« Wampe zuckte mit den Schultern. »Vertrag

74

ist Vertrag. Außerdem braucht ihr mich ab jetzt noch mehr als vorher.«

»Red keinen Stuss«, sagte Sista wütend.

»Okay, dann nicht.« Wampe schloss die Augen und tat so, als wollte er einschlafen.

»Jetzt spuck's schon aus«, drängelte Sista. »Warum sollten wir dich …«

»… noch mehr brauchen als vorher?« Wampe machte ein Auge wieder auf. »Weil ich für euch herausfinden kann, was Hubert mit Romeo vorhat«, erklärte er. »Ihr wollt ihn doch sicher befreien?«

»Natürlich!« Sista nickte.

»Na also.« Wampe war wieder ganz wach und geschäftsmäßig. »Dann haust du jetzt am besten ab und findest diesen Bocky. Und wenn es hier was Neues gibt, komm ich zu euch raus und wir machen einen Plan. Capito?«

»Woher weißt du, dass wir auf der Bully Farm sind?«, fragte Sista überrascht.

»Du hast es mir gerade eben verraten«, grinste Wampe.

GÄNGSTER-RAT

Die Nacht ging zu Ende, doch der neue Tag begann nicht wie sonst mit Sonnenschein und blauem Himmel. Stattdessen zogen dunkle Wolken auf, die Wind und Sturm versprachen. Das allein war ungewöhnlich genug für Chili. Doch es war noch nicht alles: Was ab jetzt geschah, sollte die aufregendste Zeit in der Geschichte der Stadt werden!

Sista roch das Unwetter, lange bevor es losging. Sie war erst kurz vor der Morgendämmerung zur Bully Farm zurückgekehrt und schrecklich müde. Trotzdem konnte sie nicht schlafen. Bocky hatte sich in den Stall verkrümelt und sagte keinen Ton. Sicher machte er sich Sorgen um Romeo, genau wie sie. Der einzige Lichtblick war, dass Bocky sie nicht weggeschickt hatte. Das hieß wohl, dass

sie immer noch eine Nachwuchsgängsterin war. Und dass sie dabei sein durfte, wenn Romeo befreit wurde – hoffentlich! Sista schloss seufzend die Augen. Hoffentlich würden sie bald wieder nebeneinander galoppieren! Oder zusammen in den Bach springen. Das wilde Wasserspritzen neulich hatte ihr großen Spaß gemacht. Danach ein ausgiebiges Gängsterfrühstück – herrlich! ALLES hätte Sista jetzt dafür getan. Doch im Moment konnte sie nur warten, bis Wampe sich meldete.

»Ho, Schlafmütze!«

Als Sista die Augen wieder öffnete, war der Himmel über dem Aussichtsfelsen kaum heller geworden. Trotzdem musste einige Zeit vergangen sein, denn vor ihr standen Bocky und –

»Wampe!« Mit einem Schlag war Sista wach.

»Hab ich nicht gesagt, ihr würdet mich noch brauchen?«, grinste das dicke Pony. »Es gibt Neuigkeiten!«

»Erzähl!«, drängte Sista.

»Wampe hat erfahren, dass Romeo noch eine Nacht im Polizeistall bleiben soll«, erklärte Bocky. »Das ist unsere Chance, ihn zu befreien.«

»Wie?«, fragte Sista begierig.

»Das wollten wir gerade besprechen«, sagte Bocky. »Gängsterrat im Stall, auf geht's!«

EIN GENIALER PLAN

Im Stall der Bully Farm hatten sie einige dicke Seile und Haken gefunden. Die hingen nun schwer um ihre Hälse. Wie Sista es vorausgeahnt hatte, war das Unwetter nun in vollem Gange. Der Wind hatte sich in einen Sturm verwandelt und pfiff ihnen gehörig um die Ohren. Hätte Romeo nicht in der Klemme gesessen, wären sie ganz sicher auf der gemütlichen Farm geblieben. Doch das kam jetzt natürlich nicht infrage. Wampe führte sie über einen steilen schmalen Pfad nach Chili. Den kannte er noch aus der Zeit, als er mit Jojo auf seinem Rücken durch die Hügel gestromert war. Später war sie dann aufs Mountainbike umgestiegen. Und Wampe war zu fett geworden für lange Ausflüge. Auch jetzt keuchte er wie eine Dampflokomotive.

»Ganz schön anstrengend, die Unternehmung«, jam-

79

merte er. »Seid ihr sicher, dass ihr mich überhaupt braucht?«

»Noch mehr als vorher«, erinnerte Sista ihn an seine eigenen Worte. »Schon vergessen?«

»Als Kundschafter, meinte ich«, protestierte Wampe, »aber doch nicht als Befreier!«

Seit er begriffen hatte, dass Bocky ihn bei der Aktion dabeihaben wollte, versuchte Wampe sich zu drücken. Aber der Gängster ließ nicht mit sich reden.

»Mitgefangen, mitgehangen«, erwiderte er unerbittlich. »Außerdem schaffen wir es nur zu dritt.«

»Aber ich kann jetzt schon nicht mehr«, stöhnte Wampe.

»Lauf einfach schneller«, schlug Sista vor.

»Noch schneller?« Wampe schüttelte den Kopf.

»Dann bist du am Ziel, bevor dir die Puste ausgeht«, grinste Sista. Das war einer von Ottos geliebten Flachwitzen. Manchmal passten die ganz gut.

»Ruhe jetzt!«, kommandierte Bocky. »Wie war noch mal der Zeitplan, Wampe?«

»Ab sieben sitzen die Chili-Leute beim Abendbrot«, leierte das dicke Pony los. »Ab neun gehen die Lichter

aus. Und spätestens um elf zieht Otto mit Hubert auf Streife.«

»Dann schlagen wir zu«, nickte Bocky. »Dein Einsatz, Sista.«

»Wenn wir an der Polizeistation sind, bringen wir die Seile an der Stalltür an und ziehen«, wiederholte Sista den Plan.

»Und zwar genau an der richtigen Stelle«, mahnte Bocky. »Wir müssen das Schloss gleich beim ersten Mal knacken, verstanden?«

»Verlass dich auf mich«, sagte Sista stolz.

COOLE AKTION!

Die Turmuhr schlug elf Mal, gespannt zählten die Gängster-Pferde mit. Wampe hatte nicht übertrieben. Die Straße vor dem Gefängnisstall war wie leer gefegt. Niemand stand Wache. Sista schaute um die Ecke zu Huberts Büro: Kein Licht. Nur die dunklen Umrisse der Karottenpokale waren gerade noch zu erahnen. Hubert und Otto waren also tatsächlich auf Streife. So weit, so gut!

Sista wollte schon zum Stall hinüberflitzen, da hielt Bocky sie zurück. »Schau dir das an«, flüsterte er. Sista folgte seinem Blick zu der Wand mit den Fahndungsplakaten: Romeos Bild war mit zwei dicken roten Balken durchgestrichen!

»Das war Hubert«, erklärte Wampe. »Damit jeder sieht, dass er einen von euch schon ausgeschaltet hat.«

»Tja, so kann man sich vertun«, sagte Bocky grimmig. »Los geht's!«

So leise sie konnten, schlichen die drei über den Hof.

»Hier!« Sista zeigte den anderen, wie sie ihre Seile in das Vorhängeschloss an der Stalltür einhaken sollten. »Damit reißen wir's einfach raus.«

»Muss ich wirklich?«, jammerte Wampe.

»Zum letzten Mal, ja«, schnaubte Bocky. Dann legte er ein Ohr an die Holzwand des Stalls. »Bist du da drin, Kumpel?«

»Wir sind's, Romeo«, flüsterte Sista. »Wir holen dich da raus!«

Sie horchten, aber es kam keine Antwort.

»Der pennt schon tief und fest«, unkte Wampe, »wie ein echter Chilimann.«

»Das kann er sich gleich wieder abgewöhnen«, knurrte Bocky. »Seile straff ziehen!«

Sie taten es.

»Und jetzt mit ganzer Kraft, bis die Tür aufspringt. Sista holt Romeo und wir verduften, kapiert? Alles muss fix gehen. Ich will diesen Hubert nicht schon wieder auf die Hörner nehmen.«

Nervös schauten sie sich an.

»Tief durchatmen! Zugleich!« Bocky scharte angriffslustig mit dem Huf. »JETZT!«

Zu dritt stemmten sie sich in die Erde und zogen, was das Zeug hielt.

Beim ersten Ruck ächzte die Stalltür vielversprechend. Sie wölbte sich in den Angeln, sie zitterte – aber sie blieb zu.

»Noch mal«, knurrte Bocky. »Gebt alles!« Eine dicke Ader pochte an seinem Hals.

Sista prustete und schwitzte.

Wampe war kurz davor, in Ohnmacht zu fallen. Nicht umsonst hatte Jojo ihn gegen das Mountainbike eingetauscht. Er war einfach zu dick für so was!

»Ich mach schlapp«, schnaubte er. »Ich brauch einen Snack!«

»Gefuttert wird später.« Bocky knuffte ihn in die Seite. »Z-I-E-H-E-N!«

Bocky ist ein super Boss, dachte Sista, er holt wirklich das Letzte aus seinen Leuten raus. Sie gaben alles. Und dann spürten sie plötzlich, wie der Widerstand nachließ.

Es knirschte unheilvoll. Darauf folgte ein fürchterlich reißendes Geräusch, es krachte und –

»Geschafft!«, jubelte Sista. Aber es war nicht die Tür, die sie eingerissen hatten. Die ganze Holzwand kippte um! Unaufhaltsam neigte sie sich zur Straße – genau in ihre Richtung!

»Vorsicht!«

»Aaaaaaaahhhrrrgh!«

»Hilfe!«

Die drei schossen auseinander wie Silvesterraketen – und keine Sekunde zu früh! Mit ohrenbetäubendem Getöse donnerte die Stallwand zu Boden und hüllte den Hof in eine gewaltige Staubwolke. Hustend kamen sie wieder auf die Hufe und befreiten sich von den Zugseilen.

»G-g-g-gut, da-da-dass die D-d-dinger lang gen-n-n-nug w-w-waren«, zitterte Wampe. »S-s-sonst wären w-wir jetzt p-p-platt wie K-k-kuhfladen.«

Bocky kratzte sich nachdenklich den Kopf. »Tja, Freunde, es gibt eben kein Omelett, ohne Eier zu zerschlagen.«

»Romeo!« Sista versuchte, durch die Staubwolke hindurchzuspähen. »Alles in Ordnung da drin?«

»Komm raus, Kumpel«, rief Bocky. »Wir müssen los!«

Vorsichtig stiegen sie über die zerstörte Wand und steckten ihre Köpfe in das dunkle Loch, das einmal der Polizeistall gewesen war.

»Romeo«, rief Sista noch einmal. »Was ist los?«

Doch es kam keine Antwort.

»Wahnsinn«, meinte Wampe. »Den Lärm hätte nicht mal ich verschlafen.«

»Wenn ihm bloß nichts passiert ist«, flüsterte Sista.

»Quatsch«, sagte Bocky. Aber seine Augen über dem Gängstertuch blickten genauso besorgt, wie sie sich fühlte. Mit unsicheren Schritten stakste Bocky durch Staub und Schutt weiter in den Stall hinein.

»Romeo? Sag was, Amigo!«

Sie lauschten angespannt. Sista hörte ihr eigenes Herz klopfen, so still war es – bis plötzlich hinter ihnen eine bekannte Stimme ertönte: »Hey, Leute, coole Aktion! Aber musstet ihr gleich den ganzen Stall einreißen?«

»Romeo!« Erleichtert wirbelte Sista herum.

»All dieser Dreck«, klagte Romeo. »Seht euch bloß meinen Schweif an!«

»Hä?«, machte Bocky. »Wo kommst du denn her, Mann?

»Erklär ich euch später«, sagte Romeo. Er nickte zur Straße hinüber, und die anderen sahen, was er meinte: Ringsum in der Nachbarschaft gingen Lichter an. Fenster wurden geöffnet, und die Leute traten in Schlafanzügen vor ihre Türen.

»Was ist passiert?«

»Das ist doch Huberts Stall!«

»Wo bleibt der bloß?«

»Polizei! Polizei!«

Die Aufregung würde Otto und Hubert sicher nicht lange entgehen – von der Staubwolke ganz zu schweigen!

»Zurück zur Bully Farm!«, wieherte Bocky, und die Gängster-Pferde folgten ihm mit klappernden Hufen.

Wampe dagegen schlenderte so lässig wie möglich über die Straße und verschwand unauffällig in seinem Stall. Mit etwas Glück hatte ihn in dem ganzen Durcheinander niemand erkannt. Und wenn doch, musste er sich eben etwas einfallen lassen.

WAMPES GEHEIMNIS

Linda und Jojo hatten den Krach der Befreiungsaktion natürlich auch gehört. Gemeinsam hatten sie zugesehen, wie Hubert und Otto von ihrer Streife zurückkamen und fassungslos vor den Trümmern des Gefängnisstalls standen. Hubert hatte jeden einzelnen Nachbarn gründlich verhört. Doch in dem staubigen Durcheinander hatte niemand die Täter erkannt. Alle waren erst aus ihren Betten gekommen, als der Spuk schon fast vorbei war. Jetzt war die Straße schon lange wieder ruhig. Doch Jojo konnte einfach nicht einschlafen. Hellwach saß sie am Fenster, streichelte Bonanzas struppiges Fell und wunderte sich über Wampe. Bis gestern war sie hundertprozentig sicher gewesen, dass ihr dickes Pony in irgendeine seltsame Geschichte verwickelt war. Genau genommen glaubte sie das immer noch. Aber es passte einfach nichts richtig zusammen! Da war diese Medizinflasche im Feld – wer, außer Wampe, hätte die aus der Praxis schmuggeln sollen? Steckte er mit den fremden Pferden unter einer Decke, die gestern Huberts Garten geplündert hatten? Aber bei dem Überfall war er nicht dabei gewesen. Das hatte sie ja selber gesehen! Und doch – Wampe war noch wach gewesen, mitten in der Nacht. Schon mehrmals in dieser Woche! Das war äußerst verdächtig. Denn normalerweise stand das dicke Pony nur auf, wenn es etwas zu fressen gab. Andererseits, in den Polizeigarten einzubrechen – das traute Jojo Wampe eigentlich nicht zu. Der hielt sich lieber schlau im Hintergrund. Bei dem Ausbruch aus dem Gefängnis heute Nacht hatte ihn schließlich auch niemand gesehen. Trotzdem … Jojo seufzte. Irgendetwas führte ihr alter Freund im Schilde, aber sie kam einfach nicht dahinter, was es war!

DIE PAROLE

Auf dem Heimweg trabten sie in einer stolzen Reihe nebeneinanderher. Romeo in der Mitte, Bocky links und Sista rechts. Gespannt hörten die beiden zu, wie Romeo entkommen konnte:

»Im dem Stall war so eine kleine Seitentür«, erzählte er. »Und dieser Polizei-Trottel hat die doch tatsächlich nicht abgeschlossen!«

»Klar, die Tür ist zum Ausmisten«, wusste Sista. Sie selbst hatte sie schon unzählige Male benutzt. Dass Hubert und Otto nicht daran gedacht hatten, war wirklich dämlicher als die Polizei erlaubt!

»Er hat die Tür offen gelassen, echt jetzt?« Bocky wieherte über so viel Dummheit.

»Dachte vielleicht, ich passe da nicht durch«, überlegte Romeo. »Na ja, am Po wurd's schon ein bisschen eng.

Doch gut, dass ich mal Profisportler war!« Zufrieden betrachtete er sein wohlgeformtes Hinterteil.

»Tja, Wampe hätte das nicht geschafft«, grinste Sista. Sie freute sich riesig, dass alles so gut ausgegangen war.

»Unser Moppelagent«, lachte Romeo.

»Doppelmoppel«, wieherte Sista ausgelassen. »Doppelmoppelhoppelagent!«

»Schschsch!«, machte Bocky. »Hört ihr das?«

Sie blieben stehen und lauschten.

»Autos«, erkannte Romeo.

»Große Autos«, verbesserte Bocky. »Lastwagen nennt man die, glaube ich.«

»Ja und?«, wunderte sich Sista. »Die fahren doch den ganzen Tag in Chili rum.«

»Den ganzen Tag, eben!«, sagte Bocky. Er sah sie vielsagend an.

Und Sista verstand. »Du meinst, so spät …?«

»Ganz genau«, nickte Bocky. »Was wollen die hier mitten in der Nacht?«

Romeo war auf einen Felsen gestiegen und spähte in die Runde.

»Ich glaub, ich sehe sie«, sagte er, »da drüben.«

Sista kletterte zu ihm hinauf. Tatsächlich, da fuhren zwei große Lastwagen durch die Nacht. In der Dunkelheit waren sie kaum zu erkennen, weil – Moment mal!

»Die fahren ja ohne Licht!«, wunderte sich Sista. »Und nicht über die Hauptstraße. Da drüben gibt es nur einen schmalen Feldweg. Was hat das zu bedeuten?«

»Komische Uhrzeit, ohne Licht unterwegs, Schleichwege – ich schätze, die planen was Ungesetzliches«, kombinierte Bocky. »Sagt einem doch der gesunde Gängsterverstand.«

»Gesetzlose in unserem Revier?« Romeo horchte auf. »Das sollten wir uns genauer ansehen, meint ihr nicht?«

»Unbedingt«, nickte Bocky. »Menschen oder Pferde,

das ist ganz egal. Wir können hier niemanden gebrauchen, der uns in die Quere kommt.« Er überlegte. »Könnt ihr sehen, wohin sie fahren?«

»Sieht so aus, als – warte mal.« Romeo reckte den Hals. »Wenn mich nicht alles täuscht …«

»Darlings Dosensuppenfabrik!«, rief Sista überrascht.

»Suppendiebe«, wieherte Bocky. »Ich lach mich scheckig!«

»Besser nicht«, grinste Romeo. »Scheckig bist du nämlich schon.«

»Lieber scheckig als dreckig.« Übermütig kickte Bocky etwas Erde in Romeos Richtung. »Auf geht's – Gängster-Pferde ho!«

»Gängster-Pferde yo!«, wieherte Romeo zur Antwort. Dann bemerkte er Sistas unsicheren Blick.

»Unsere Parole«, erklärte er gut gelaunt: »Los mach mit!«

»Die musst du draufhaben«, nickte Bocky. »Also noch mal: Gängster-Pferde ho!«

»Gängster-Pferde yo!«, johlte Sista mit den beiden im Chor. In ihrem ganzen Leben war sie noch nie so stolz gewesen.

DIEBE IN DER NACHT

Im gestreckten Galopp jagten sie durch die Felder, den geheimnisvollen Lkws hinterher. Gekonnt achteten Bocky und Romeo darauf, immer genug Abstand zu halten, damit man sie nicht entdeckte.

Sista passte genau auf und gab sich große Mühe, nichts verkehrt zu machen. Seit die beiden ihr die Parole beigebracht hatten, fühlte sie sich schon fast wie eine richtige Gängsterin. Nicht auszudenken, wenn sie im letzten Moment doch noch die Probezeit vermasselte. Das durfte einfach nicht passieren!

Als die Lkws sich der Fabrik näherten, ließen Bocky und Romeo sich ein Stück zurückfallen. Der Schleichweg stieß wenige Meter vor dem großen Eingangstor auf die normale Straße. Sie warteten, bis die Lkws hinter dem Tor verschwunden waren. Dann schlichen sie langsam hinterher.

»Gängsterschritt!«, kommandierte Bocky.

Das kannte Sista schon von dem Überfall auf Huberts Garten.

Jetzt nur nicht stolpern, dachte sie aufgeregt. Aber sie schaffte es, ihre Hufe genauso lautlos aufzusetzen wie die anderen beiden.

»Gut aufgepasst!« Romeo nickte ihr aufmunternd zu. Sofort fühlte Sista sich ein wenig sicherer.

Vorsichtig spähten sie um die Torpfosten herum auf das Fabrikgelände. Rechts lag das große Hauptgebäude mit den Schornsteinen. Jetzt, mitten in der Nacht, kam dort natürlich kein Qualm heraus. Aber auch sonst bewegte sich nichts. Nicht mal eine Reifenspur war auf dem sauber gefegten Hof zu sehen.

»Wo sind die hin?«, flüsterte Bocky.

»Versuchen wahrscheinlich, von hinten heranzukommen.« Romeo wies mit dem Kopf zu den Lagerschuppen auf der linken Seite. »Schleichen wir uns an!«

Ohne sich noch einmal umzusehen, gingen die beiden zielstrebig auf die Schuppen zu. Sista folgte auf wackligen Beinen. Was, wenn sie erwischt wurden? Was, wenn –

»Hoppla, Vorsicht!«

Romeo war plötzlich stehen geblieben. Vor lauter Gedanken wäre sie beinahe in ihn hineingestolpert!

»Hierher, aber leise!« Bocky hatte sich bis zum ersten Schuppen herangeschlichen.

Sista folgte ihm und schob vorsichtig ihren Kopf um die Ecke.

Tatsächlich, auf der Rückseite der Lagerschuppen standen die beiden Lkws. Die großen Ladeklappen waren heruntergelassen, doch weit und breit war kein Mensch zu sehen. Dann waren plötzlich Schritte zu hören. Und noch etwas: Ein knirschendes Geräusch, als ob etwas Schweres über den Boden kratzen würde.

Bocky, Sista und Romeo sahen sich gespannt an.

Der Strahl einer Taschenlampe strich über den vorderen Lkw, dann kamen vier Männer in Sicht. Jeder von ihnen rollte ein kleines Fass vor sich her. Ohne ein Wort zu wechseln, hievten sie die Fässer auf die Ladefläche und verschwanden wieder im Inneren des Schuppens.

»Ist da die Suppe drin?«, fragte Romeo interessiert.

Sista schüttelte den Kopf. »Normal ist die in Dosen«, sagte sie zweifelnd. »Ich weiß nur nicht, was es sonst sein könnte …«

»Vielleicht Riesenkarotten«, lachte Romeo leise. »Die Kollegen wollen Hubert den ersten Preis beim Gemüsewettbewerb klauen.«

»Tja, da kommen sie zu spät«, grinste Bocky. »Das haben wir schon erledigt.«

»Karotten werden aber nicht in Fässern gelagert«, widersprach Sista. Das wusste jeder in Chili, egal ob Mensch oder Pferd. »Und der erste Preis ist auch nicht besonders wertvoll. Da geht's nur um die Ehre, versteht ihr?«

»Krass«, murmelte Bocky.

Schweigend sahen sie zu, wie die Männer wieder herauskamen und vier weitere Fässer in den Lkw luden. Als sie weg waren, hatte Romeo plötzlich eine Idee: »Sag mal, Sista, hast du nicht neulich was erzählt von einer geheimen Sache, hier in der Fabrik?«

»Ja klar!« Sista machte große Augen. »Die geheime Gewürzmischung!«

PARADIES IN GEFAHR

»Die klauen Darlings Wunderwürze?«, schnaubte Bocky. »Schön blöd.«

»Der Pupskram interessiert mich nicht«, fand auch Romeo. »Kommt, wir gehen. Ich muss mir unbedingt den Schweif waschen.«

Schon hatten die beiden sich umgedreht und marschierten Richtung Tor. Nur Sista blieb stocksteif und erschrocken stehen. Ihr war gerade ein absolut schrecklicher Gedanke gekommen.

»Wartet«, rief sie leise. »Ihr dürft jetzt nicht gehen – wir müssen etwas unternehmen!«

»Wieso das denn?«, fragte Bocky. »Lass die doch ihre Fässchen rollen. Ich brauch jetzt 'ne Mütze Schlaf.«

»Ihr versteht das nicht«, drängte Sista. »Die können alles kaputt machen!«

Romeo sah sie nachsichtig an. »Glaub mir, Prinzessin, die sind keine Gefahr für uns.«

»Eben doch!« Sista stampfte mit dem Huf auf.

»Hä?« Bocky und Romeo sahen sie verständnislos an.

»Die klauen die Fässer, um das Geheimnis der Wunderwürze zu lüften«, erklärte Sista. Anders konnte es nicht sein. »Wenn sie das Rezept einmal kennen, können sie genauso gute Suppe kochen wie Darlings. Dann wird unsere Fabrik viel weniger verkaufen. Und wenn Chili nicht mehr genug Geld mit der Suppe verdient, dann …« Erschöpft zeigte sie über die endlosen Gemüsefelder.

»Du meinst, dann wird das ganze Gemüse hier nicht mehr gebraucht?«, fragte Bocky. »Ist doch super. Umso mehr haben wir davon.«

»So einfach ist das nicht!«, widersprach Sista verzweifelt. »Wenn –«

»Psst!«, machte Bocky.

Zum dritten Mal kamen die Männer mit Fässern aus dem Lager, und die Gängster-Pferde zogen die Köpfe ein.

»Wenn weniger Suppe verkauft wird, wird auch weniger Gemüse angebaut«, flüsterte Sista. »Die Menschen geben die Felder auf und irgendwann …«

100

»… ist es ganz vorbei mit dem Gängster-Pferde-Paradies«, ergänzte Romeo nachdenklich. »Da ist was dran, Bocky.«

Ein Glück, er hatte es verstanden!

»Womit sollen wir uns dann die Bäuche vollschlagen?«, legte Sista nach.

»Hol mich der Hubert«, erschrak Bocky. »Ich hab keine Lust, schon wieder umzuziehen.«

»Verdammt richtig«, nickte Romeo. »Die Wunderwürze darf das Tal nicht verlassen!«

ENDE DER PROBEZEIT?

In einem dichten Gebüsch nicht weit vor dem Fabriktor, hielten sie Gängsterrat. Sogar Bocky war inzwischen klar: Es ging um alles! Leider merkten sie bald, dass es ganz und gar nicht einfach werden würde, die Gewürzdiebe zu stoppen.

»Wir stellen ihnen eine Falle«, schlug Bocky vor. »Wenn sie auf demselben Weg zurückfahren, den sie gekommen sind, können wir sie an der engsten Stelle abfangen.«

»Wie denn abfangen?«, fragte Sista.

»Na, Hinterhalt, Überfall und auf sie mit Gebrüll«, sagte Bocky. »Keine Sorge, das haben wir schon öfter gemacht.«

»Okay, das waren Rübenkarren«, gab Romeo zu. »Aber im Grunde macht das keinen Unterschied.«

»Da sind vier ausgewachsene Männer in den Wagen«, wandte Sista schüchtern ein. »Was machen wir mit de-

nen? Was, wenn die solche Wurfseile dabei haben wie Hubert?«

»Die doch nicht!« Bocky schnaubte. »Überhaupt, hast du einen besseren Vorschlag?«

Sista schluckte. Den hatte sie tatsächlich. Leider war sie sich sehr sicher, dass er den Gängstern nicht gefallen würde. Er gefiel ihr selber nicht besonders gut.

»Ich, äh, also –« Sie verstummte ängstlich.

»Pfft!«, machte Bocky.

»Jetzt lass doch die Kleine«, sagte Romeo. »Immerhin hat sie als Erste die Gefahr erkannt.« Ermutigend nickte er Sista zu. »Trau dich ruhig.«

»Also ich glaube, wir sollten Hubert und Otto einschalten«, sagte sie, ohne Luft zu holen. Dann zog sie schnell den Kopf ein.

»Die Bullen einschalten?«

»POLIZEI?!?«

»Du spinnst wohl, Prinzessin!«

Bocky und Romeo reagierten genauso, wie Sista es befürchtet hatte.

»Das kommt davon, wenn man Mädchen mitmachen lässt«, schimpfte Bocky.

Romeo schüttelte seine schöne Mähne. »Wirklich, Sista. Ich bin enttäuscht von dir.«

»Aber –« Sista musste eine Träne runterschlucken, so schrecklich fühlte sie sich.

»Was aber?«, blaffte Bocky sie an. »Willst du uns deinen Bruder auf den Hals jagen? Und als Nächstes soll diese Pfeife von Hubert auf Romeo reiten, oder was?«

»Ich will, dass sie uns helfen«, verteidigte sich Sista. »Alleine können wir die Männer nicht aufhalten. Das müsst ihr doch einsehen!«

»Gar nichts muss ich!« Wütend machte Bocky einen Sprung zur Seite.

»Wir arbeiten nicht mit der Polizei zusammen«, sagte Romeo würdevoll. »Und das ist mein letztes Wort, Sista.«

Dann ging er zu Bocky hinüber und drehte ihr den Rücken zu.

Sista stand da wie erstarrt. Warum hatte sie bloß die Klappe nicht gehalten? Romeo war enttäuscht von ihr. Und Bocky tat so, als wollte er überhaupt nie wieder mit ihr reden! Sista spürte, wie sich ihr Bauch vor Kummer zusammenzog. So hatte sie sich das Ende der Probezeit nicht vorgestellt! Plötzlich konnte sie die Tränen nicht mehr zurückhalten. Aber egal, die beiden hatten die Köpfe zusammengesteckt und schauten sie sowieso nicht an. Zögernd machte sie ein paar Schritte rückwärts. Keine Reaktion.

»Gängster-Pferde, ho«, flüsterte Sista traurig. Dann drehte sie sich um und trottete mit hängendem Kopf davon.

EIN TOLLKÜHNER PLAN

»Die Bullen einschalten, also wirklich!« Bocky war immer noch außer sich. »Bist du vielleicht aus dem Rennstall abgehauen, um jetzt mit Menschen zusammenzuarbeiten, Romeo?«

»Na ja, manche sind vielleicht ganz nützlich«, sagte Romeo. »Aber die Polizei …«

»Polizei geht gar nicht«, bestimmte Bocky. »Und dieser Hubert schon dreimal nicht. Wenn ich den nur sehe, mit seinen blöden Gemüsepokalen.«

»Da geht es um die Ehre«, feixte Romeo. »Hat Sista gesagt.« Er sah sich suchend um. »Wo ist die überhaupt?«

»Mir egal«, brummte Bocky. »Mädchen! Polizeimädchen!! Hallo, geht's noch?«

»Sie weiß es halt nicht besser.« Romeo kräuselte seine hübsche Nase. »Möchte trotzdem wissen, wo sie steckt.

Immerhin hat sie uns ein paar ziemlich wertvolle Tipps gegeben, oder?«

»Meinetwegen«, grummelte Bocky. »Wir können sie ja suchen, wenn wir diese Gewürzdiebe geschnappt haben. Einverstanden?«

»Klar«, nickte Romeo. »Wie war noch mal der  Plan?«

»Hinterhalt, Überfall, auf sie mit Gebrüll«, sagte Bocky. »Bist du dabei?«

»Gängster-Pferde, yo!«, grinste Romeo.

TAPFERE TRÄNEN

Nachdem Sista eine Weile gegangen war, wurde ihr Kopf langsam wieder klar. Sie hätte Otto und Hubert nicht ins Spiel bringen dürfen. Das war ein schwerer Fehler gewesen. Schließlich war Romeo gerade erst aus dem Polizeistall entkommen. Außerdem hatten die beiden schlechte Erfahrungen mit Menschen gemacht. Logisch, dass sie da allergisch reagierten. Sie war ja selber allergisch gegen Hubert. Und trotzdem hatte sie recht! Sista stampfte mit dem Huf auf. Um die vier Männer in den Lkws aufzuhalten, brauchten sie menschliche Hilfe. Pferde konnten nun mal niemanden verhaften, ob Bocky das gefiel oder nicht. Und die Gewürzdiebe mussten verhaftet werden, unbedingt! Das Schicksal von ganz Chili stand auf dem Spiel. Das Problem war nur: Wenn sie mit der Polizei zu Bocky und Romeo zurückkehrte, würde sie niemals ein

Gängster-Pferd werden. Die beiden würden sie hochkant rauswerfen – wenn sie das nicht jetzt schon getan hatten! Bei dem Gedanken kamen Sista gleich wieder die Tränen. Tapfer schluckte sie sie hinunter und dachte nach … und plötzlich hatte sie es. Natürlich!

HEIMLICHE HILFE

»Wampe! Hey, Wampe, wach auf!«

»Du schon wieder?« Das dicke Pony blinzelte Sista schlecht gelaunt an. »Gerade war ich endlich eingeschlafen.«

»Aber es ist ein Notfall!«, drängte Sista. »Du musst mir unbedingt helfen!«

Wampe seufzte. »Kommt mir irgendwie bekannt vor. Sag nicht, du brauchst schon wieder Medizin.«

»Diesmal brauche ich die Polizei«, sagte Sista etwas kleinlaut.

»Und deswegen weckst du mich?« Wampe schnaubte. »Dein Bruder ist bei der Polizei, oder nicht?«

»Ja, aber ich –«

»Du willst nicht mit ihm sprechen wegen deiner Gängster-Freunde, was?« Wampe grinste schlau.

»Genau.« Sista nickte dankbar.

»Da gibt es nur ein Problem«, sagte Wampe. »Ihr habt mich für den letzten Job noch nicht bezahlt. Für den vorletzten auch nicht, wenn ich richtig mitgezählt habe. Also warum –«

»Die ganze Stadt ist in Gefahr«, unterbrach Sista ihn ungeduldig. »Du musst mir einfach helfen!«

»Das entscheide ich immer noch selbst«, sagte Wampe. »Lass erst mal hören.«

Sista berichtete, und Wampes Gesichtsausdruck wechselte von egal zu erschrocken in unter zehn Sekunden.

»Die stehlen Darlings Geheimgewürz?!?« Der clevere Wampe kapierte sofort, was das bedeutete. »Dann ist es aus mit dem schönen Leben in Chili«, rief er entsetzt. »Für uns alle! Wir müssen das unbedingt verhindern!«

»Sag ich doch.« Sista war erleichtert. »Kannst du Otto Bescheid sagen – jetzt sofort? Ich laufe zu Bocky und Romeo zurück, um sie zu warnen. Beeil dich!« Und weg war sie.

»Verrückt«, brummelte Wampe. »Warnt ihre Freunde, weil sie selbst die Polizei zu ihnen geschickt hat.« Er schüttelte den Kopf. Dann sprang er erstaunlich schnell auf die Hufe und trabte über die Straße zur Polizeistation.

AUFBRUCH MAL DREI

Mit nur noch drei Wänden und den Bergen von Schutt überall war der ehemalige Polizeistall ein ziemlich ungemütlicher Ort. An Schlaf war da kaum zu denken. So hatte Wampe keine Mühe, Otto zu wecken. Schwieriger war es, den Polizisten aus dem Bett zu holen.

»Ein Einbruch in der Suppenfabrik?«, fragte Otto zweifelnd. »Das habe ich doch neulich schon einmal gehört. Und fünf Minuten später sind uns diese fremden Gängster durch die Lappen gegangen.« Er schaute Wampe misstrauisch an. »Ich glaube nicht, dass ich Hubert deswegen stören möchte. Woher soll ich wissen, dass das nicht wieder ein Trick ist?«

»Das kannst du nicht wissen«, gab Wampe zu. »Aber wenn ich recht habe und in der Fabrik gerade die Geheimwürze geklaut wird, stehst du ganz schön dumm da, oder?«

113

Otto überlegte. Er hatte das dicke Pony schon immer für eine verdächtige Type gehalten. Andererseits, wenn an der Geschichte was dran war …

»Also gut«, entschied er widerwillig. »Aber du kommst mit, verstanden? Ich möchte ganz sichergehen, dass du auch die Wahrheit sagst.«

»Mitkommen, iiieehihich?«, wieherte Wampe abwehrend.

»Keine Widerrede«, bestimmte Otto. »Und wehe, du hast mir was vom Pferd erzählt.«

Zehn Minuten später waren sie auf dem Weg zu Darlings Dosensuppenfabrik.

Hellwach, aber ziemlich verwirrt, saß Hubert auf Ottos Rücken und spähte in die Dunkelheit. Der Polizist hatte keine Ahnung, was eigentlich anlag – nur, dass es etwas Wichtiges sein musste. Denn sonst hätte Otto ihn sicher nicht aus

dem Bett gewiehert. Wampe trottete missmutig hinterher.

Im Haus gegenüber saß Jojo immer noch am Fenster. Gerade war sie aus einem leichten Schlummer geschreckt,
jetzt rieb sie sich verwundert die Augen: Dass Hubert
und Otto mitten in der Nacht auf Streife gingen, konnte
sie ja noch verstehen, nach allem, was passiert war. Aber
warum in aller Welt nahmen sie Wampe mit? Hätte Hubert da nicht wenigstens fragen müssen – egal wie spät
es war? Jojo ärgerte sich. Immerhin war das ihr Pony.
Und sie wollte jetzt endlich wissen, in welche seltsamen
Geschichten Wampe verstrickt war. Energisch zog Jojo
Jeans und Pulli an und schlich
zum zweiten Mal in die-
ser Woche lautlos die
Treppe hinunter …

Kurz darauf fuhr auch Linda aus dem Schlaf. Sie hatte von einstürzenden Wänden geträumt und fühlte sich noch ein wenig durcheinander. Verwirrt schaute sie aus dem Fenster, doch gegenüber war alles ruhig. Nur der zerstörte Stall sah ein bisschen traurig aus. Linda wollte schon ins Bett zurückgehen, da erstarrte sie: Ihre Tochter spazierte mitten in der Nacht über den Hof! Leise schob Jojo ihr Mountainbike aus dem Schuppen und fuhr eilig davon. Begeistert über den späten Ausflug, sauste Bonanza hinterher.

Linda schüttelte sprachlos den Kopf. Waren denn heute Nacht ALLE verrückt geworden? Sie sprang in ihre Sachen, schnappte sich die Autoschlüssel und stürzte aus dem Haus.

PASS GUT AUF DICH AUF!

Sista preschte durch die Nacht, so schnell die Hufe sie trugen. Sie musste Bocky und Romeo erreichen, bevor die Polizei auftauchte! Wenn sie die beiden rechtzeitig warnte, konnten sie sich bei der Verhaftung im Hintergrund halten. Die Gewürzdiebe kämen ins Gefängnis und die Gängster konnten unbesorgt auf die Bully Farm zurückkehren. Doch vor allem wollte Sista ihren Freunden beweisen, dass sie voll und ganz auf ihrer Seite stand! Soweit der Plan. Sista war klar, dass dabei jede Menge schiefgehen konnte. Aber wenn selbst Wampe keine bessere Idee hatte …

An einer Weggabelung hielt sie atemlos an und überlegte: Ob Bocky und Romeo noch bei der Fabrik waren? Oder hatten sie sich schon an der Strecke auf die Lauer gelegt? Kurz entschlossen wandte Sista sich Richtung Fabrik – und sie hatte Glück!

»Romeo, ich bin's!«

In dem dichten Gebüsch neben dem Tor war der große, elegante Schatten nur gerade eben zu erahnen.

»Sista?« Vorsichtig steckte Romeo seine Nase aus dem Gebüsch.

»Wo bist du gewesen?«

»Ich – äh ...« Sista schluckte.

»Du warst doch nicht wirklich bei deinem Bruder, oder?« Romeo schaute sie misstrauisch an. »Bocky ist ganz schön sauer auf dich, weißt du?«

»Ich doch nicht«, sagte Sista. Das war ja zum Glück auch nicht ganz gelogen! »Aber die Poizei ist trotzdem im Anmarsch. Irgendwie haben die was von den Gewürzdieben mitgekriegt«, fügte sie schnell hinzu. Jedenfalls hoffte sie, dass Wampe das inzwischen erledigt hatte.

»Die Polizei ist im Anmarsch?«, fragte Romeo alarmiert. »Dann müssen wir Bocky Bescheid sagen. Er hat sich nämlich schon in den Hinterhalt gelegt. Ich wollte eigentlich hier warten, bis die Lastwagen abfahren, aber jetzt ...«

Sista konnte sehen, wie der Gängster angestrengt nachdachte.

Schließlich beugte er sich hinunter und sah ihr fest in die Augen. »Kann ich mich auf dich verlassen?«

Sista spürte: Von dieser Frage hing alles ab. Ihre Zukunft bei den Gängster-Pferden, einfach alles! »Hundertpro«, nickte sie ernst.

»Also gut«, sagte Romeo. »Bocky wartet an der engsten Stelle des Weges, irgendwo da oben in den Feldern.« Er zeigte den Weg entlang, auf dem die Lastwagen gekommen waren. »Du musst ihn warnen, bevor er der Polizei in die Arme läuft. Ich komme nach, wenn die Wagen hier aufbrechen. Kapiert?«

»Kapiert«, sagte Sista. Sie wollte sich schon umdrehen, da hielt Romeo sie noch einmal zurück: »Pass gut auf dich auf, Prinzessin.«

WER JAGT HIER
EIGENTLICH WEN?

Jetzt waren sie also alle unterwegs: Sista raste über den schmalen Feldweg bergauf, um Bocky in seinem Versteck zu warnen. Romeo wartete am Fabriktor darauf, dass die Lkws mit den Gewürzfässern aufbrachen. Otto und Hubert ritten aus der Stadt in Richtung Fabrik, um die Diebe zu fangen. Wampe zottelte notgedrungen mit. Mit etwas Abstand folgten Jojo auf dem Mountainbike und Bonanza. Und Linda – die saß in ihrem Auto und folgte der Staubwolke, die sie alle zusammen hinter sich herzogen!

DIE HALBE WAHRHEIT

»Sista! Was machst du hier?«

Gerade hatte Sista die engste Stelle des Weges erreicht, da steckte Bocky plötzlich seinen Kopf aus einem großen Busch. Ungeduldig winkte er sie heran: »In Deckung, du verrätst ja alles!«

Sista schluckte – anscheinend war er immer noch sauer auf sie. Aber das war jetzt egal, die Zeit drängte!

»Romeo schickt mich«, begann sie mit wackliger Stimme. »Ich muss dir was Wichtiges sagen.« Unsicher schaute sie Bocky von der Seite an.

Doch der winkte ab: »Jetzt nicht.« Konzentriert spähte er in Richtung Fabrik. Sein Schweif zuckte angespannt. »Da kommt einer.«

Jetzt hörte Sista es auch. Jemand näherte sich in schnellem Galopp.

»Romeo!«, sagte Bocky, und Sekunden später kam der große Gängster den Weg hinaufgeprescht. Sein Atem flog, und das dunkle Fell glänzte vor Schweiß.

»Sie kommen«, keuchte er, »die Diebe sind auf dem Weg hierher!«

»Wie schnell sind sie?«, wollte Bocky wissen.

»Ziemlich schnell«, antwortete Romeo atemlos. »Diese Lastwagen haben ein Wahnsinnstempo drauf – obwohl sie randvoll mit Wunderwürze sind.«

»Aber du hast sie trotzdem überholt«, staunte Sista.

»Klar«, prahlte Romeo. »Ich hab sogar noch einen hübschen Bogen durch die Bohnen geschlagen, damit sie mich nicht bemerken.«

»Die ahnen nichts von unserem Hinterhalt?«, fragte Bocky.

»Nö«, sagte Romeo zufrieden.

»Und auch nichts von – den anderen?«, hakte Sista vorsichtig nach.

»Welche anderen?« Bocky war alarmiert.

»Hast du's ihm nicht gesagt?«, fragte Romeo erstaunt.

»Bin – äh – noch nicht dazu gekommen«, stammelte Sista. »Er meint die Polizei«, erklärte sie Bocky schnell.

123

»Die haben nämlich Wind bekommen von der Aktion, äh, irgendwie.«

»Otto und dieser Hubert?«, schnaubte Bocky.

»Und Wampe«, nickte Romeo. »Der ist auch dabei.«

»Der Dicke ist wirklich ein Doppelagent?« Bocky schaute Sista streng an. »Dein pummliger Freund kuschelt mit den Bullen. Hast du das gewusst?«

»Ich? Nein, wieso, das – das kann ich mir gar nicht vorstellen.« Sista kreuzte verstohlen die Hinterhufe. Wenn sie dieses Abenteuer glücklich überstand, würde sie sich bei Wampe entschuldigen. Ganz sicher.

»So schlecht ist das doch gar nicht«, mischte Romeo sich ein. »Mit Wampe im Schlepptau werden sie ja nicht allzu schnell sein.«

»Stimmt«, grinste Bocky. »Der hält den ganzen Laden auf. Bis die Schlafmützen hier sind, haben wir die Diebe längst gestoppt.«

»Wo wir gerade von Dieben sprechen …« Romeo stellte die Ohren auf.

Bocky lauschte, dann nickte er: »Das sind Motoren. Sie kommen!« Er sah Romeo und Sista an. »Also, ihr wisst Bescheid: Hinterhalt, Überfall und –«

»… auf sie mit Gebrüll«, fiel Romeo munter ein.

Doch Sista schluckte bloß – und betete, dass Wampe sich ausnahmsweise einmal beeilte. Hoffentlich kamen Otto und Hubert rechtzeitig dazu!

»Äh – Lastwagen überfallt ihr heute zum ersten Mal«, fragte sie zaghaft, »oder?«

»Papperlapapp«, schnaubte Bocky. »Wird schon nichts dabei sein.« Entschlossen versteckte er sich wieder im Gebüsch neben dem Weg.

»Auf den Posten, Romeo«, kommandierte er. »Sista, halt dich im Hintergrund und pass gut auf – heute Nacht kannst du richtig was lernen!«

AUF SIE MIT GEBRÜLL

Sista stand dicht hinter Romeo im Gebüsch und zitterte vor Aufregung. Genau genommen wusste sie immer noch nicht, was die beiden eigentlich vorhatten.

Auf sie mit Gebrüll konnte ja wohl kaum der ganze Plan sein – oder?

»Sie werden langsamer«, flüsterte Romeo ihr zu. »Gleich ist es so weit.«

Er stellte sich sprungbereit in Position.

Und tatsächlich. Die Lkws hatten offenbar die engste Stelle des Weges erreicht. Hier mussten sie abbremsen. Schaukelnd und schwankend schob der erste Wagen seine Nase über die Kuppe, da –

»ATTACKE!«, wieherte Romeo und stürzte aus dem Gebüsch hinaus mitten auf den Weg. Die Lkws fuhren wieder mit ausgeschalteten Scheinwerfern. Doch

der Sturm hatte sich inzwischen gelegt, und das Mondlicht machte Romeos Auftritt nur noch eindrucksvoller: In einer einzigen kraftvollen Bewegung stieg der schöne Hengst auf die Hinterbeine und richtete sich vor dem Wagen zu voller Größe auf. Blitzend zerschnitten seine Vorderhufe die Dunkelheit, der lange Schweif peitschte durch die Luft.

Sista riss vor Bewunderung die Augen auf. Hinter der Frontscheibe sah sie das erschrockene Gesicht des Fahrers. Bremsen quietschten, die Räder drehten durch, dann stand der vordere Lastwagen still. Mit einem satten Knirschen fuhr der zweite von hinten auf. Der Mann am Steuer hatte ja nicht sehen können, warum sein Kollege stoppte.

»Das war's«, triumphierte Bocky. »Jetzt umkreisen, damit sie zu keiner Seite abhauen können. Gängster-Pferde ho!« Schon preschte er voran.

»Gängster-Pferde yo«, wieherte Romeo. »Hinterher, Prinzessin!«

Sista stand einen Augenblick benommen da – dann kapierte sie, was die beiden meinten.

DIE FASSLAWINE

In einem engen Kreis galoppierten die Gängster-Pferde um die Lastwagen herum. Dazu wieherten, buckelten und bockten sie in einer Tour, sodass die Fahrer es nicht wagten, die Türen zu öffnen. Bocky trieb es besonders wild: Sobald einer der Männer nur ans Aussteigen dachte, stürmte er auf den Wagen los und spielte das Einhornspiel. Es funktionierte bei den Dieben genauso gut wie bei Hubert.

Nach der dritten Runde hielt auch Sista sich nicht mehr zurück. Wagemutig probierte sie, sich wie Romeo auf die Hinterbeine zu stellen – und jauchzte vor Freude, als sie es schaffte. Das war es endlich, das Gängster-Leben! Ganz genau so hatte sie es sich erträumt. Doch dann, nach der dreizehnten Runde, merkte Sista, wie ihre Beine müde wurden. Sie begann nachzudenken. Nicht einmal

ein Rennpferd wie Romeo konnte ewig um die Lastwagen herumgaloppieren. Wie sollte es also weitergehen? Plötzlich wusste sie wieder, was ihr an dem Plan von Anfang an nicht gefallen hatte: Es fehlte der entscheidende Teil. Die Verhaftung!

Einige Runden später fiel es auch Romeo auf.

»Jetzt könnte die Polizei so langsam mal kommen!«, japste er.

»Spinnst du?«, rief Bocky im Vorbeirennen. »Wir haben die Lage voll im Griff!«

Doch das stimmte nicht so ganz. Bei dem Zusammenstoß hatte sich nämlich die Verriegelung des hinteren Lkws gelöst. Auf dem abschüssigen Weg waren die Fässer mit der Gewürzmischung langsam, aber sicher ins Rutschen gekommen. Schon eine ganze Weile drückte ihr Gewicht gegen die Ladeklappe – bis der lose Riegel schließlich ganz herausfiel und die Klappe von innen aufgedrückt wurde.

Sista war gerade hinter dem Wagen vorbeigaloppiert, da hörte sie ein verhängnisvolles Rumpeln. Ihr Kopf flog herum – und sie sah, was passieren würde: Bocky rannte nichtsahnend auf die Klappe zu! Ohne nachzudenken,

machte Sista kehrt und schubste den Gängster mit aller Kraft aus der Bahn. Nur eine Sekunde später flog die Klappe weit auf. Sämtliche Fässer krachten von der Ladefläche. Sie zerquetschten die Pflanzen am Wegesrand zu Brei und donnerten den Hügel hinab, zurück Richtung Dosensuppenfabrik.

»Schätze, die wollen nach Hause«, grinste Bocky matt.

»Schätze, Sista hat was gut bei dir«, verbesserte Romeo.

»Wär sonst ungemütlich geworden«, stimmte Bocky zu.

»Also?« Romeo knuffte ihn in die Flanke.

»Ach so, ja, danke Sista«, sagte Bocky lässig. »Hast was gut bei mir.«

Er überlegte. »Weiß nur nicht, ob dein Bruder das so lustig findet.«

»Otto? Wieso?«, fragte Sista.

Bocky zeigte den Weg zur Fabrik hinunter.

»Na, der kriegt doch jetzt die ganzen Fässer ab, oder nicht?«

»Otto!«, schrie Sista. »Wir müssen ihm hel–«

BUUMMM! Weiter unten ertönte ein lautes Rumpeln, dann Stille.

Die drei sahen sich an.

»Die Fasslawine«, sagte Romeo. »Irgendwas hat sie getroffen.«

AUS DEM WEG, POLIZEI!

Sista flog den Hügel hinunter. All die Runden um die Lastwagen waren wie weggeblasen. Sie spürte ihre Erschöpfung nicht mehr, sie hatte nur noch Angst um Otto. Auch wenn er die meiste Zeit schrecklich nervte, er war doch ihr Bruder! Nicht mal Hubert hatte es verdient, von einem Haufen Gewürzfässer überrollt zu werden. Da war sie sich fast sicher. Und Wampe war auch noch dabei!

»Oh bitte, bitte, bitte – lass ihnen nichts passiert sein«, betete Sista keuchend. »Ich verspreche auch, dass ich in die Polizeisch– aaaahhhrrgh!«

Blind vor Sorge war sie um eine Kurve geprescht, mitten hinein in eine große, breite Gestalt mit sechs Beinen und zwei Köpfen: Otto und Hubert!

»Aus dem Weg, Polizei!«, blaffte Hubert.

»Sista, was soll das?«, schnaubte Otto. »Wir sind im Einsatz!«

»Ihr – ihr seid gar nicht ...?« Verdattert rappelte Sista sich auf. Dann sah sie eine breite Schneise im Feld. Sie begann genau dort, wo der Weg scharf um die Kurve führte. Abgeknickte Pflanzen und zermatschte Bohnen sprachen eine deutliche Sprache: Die Fasslawine hatte eine Abkürzung genommen! Wahrscheinlich unten gegen das Fabriktor gedonnert, dachte Sista erleichtert.

»Was ist los, machen wir Schluss für heute?« Hoffnungsvoll kam Wampe den Weg hinaufgestapft. »Habt ihr die Gewürzdiebe verhaftet?«

Die Diebe! Die hatte Sista fast vergessen.

»Sie sind oben auf dem Hügel«, erklärte sie Otto schnell. »Die fremden Pferde haben sie eingekreist. Aber lange können sie das nicht mehr durchhalten.«

»Die Gängster halten die Diebe in Schach? So ein Quatsch.« Otto schnaubte ungläubig. »Wir schnappen sie uns alle zusammen«, bestimmte er großspurig. »Los, Beeilung!«

Hubert, der Polizist, hatte wie immer kein Wort von dem verstanden, was die Pferde redeten.

»Beeilung, los«, kommandierte er. Doch da war Otto längst unterwegs.

Wie oft waren sie an diesem Tag schon den Hügel rauf- oder runtergerannt? Sista wusste es nicht mehr. Sie wusste bloß, dass Hubert die Diebe verhaften musste, damit Chili ein Gängster-Pferde-Paradies bleiben konnte. Und dass er Bocky und Romeo nicht verhaften durfte, damit sie ein echtes Gängster-Pferd werden konnte. Plus: Otto durfte nicht wissen, dass sie bereits ein Gängster-Pferd auf Probe war. Denn dann würde er sie niemals wieder vor die Tür lassen. Das alles zusammen war eigentlich unmöglich. Aber sie musste es einfach versuchen!

DAS GÄNGSTER-PAKET

Der Fahrer des hinteren Lkws sah Otto und Hubert als Erster.

»Die Bullen!«, rief er erschrocken und zeigte in den Rückspiegel.

»So ein Mist!« Sein Kollege überlegte kurz, dann öffnete er die Beifahrertür und sprang hinaus.

»Lieber nehm ich's mit den Pferden auf als mit der Polizei«, sagte er.

»Stimmt genau«, meinte der Fahrer und schwang sich ebenfalls aus dem Wagen. Verstohlen versuchten die beiden Diebe, sich links und rechts in die Büsche zu schlagen. Doch da hatten sie ihre Rechnung ohne Romeo gemacht.

»Sie hauen ab«, wieherte er. »Schnell nach hinten, Bocky!«

»Nix da!« Bocky stampfte heran wie eine Dampflokomotive und senkte den Kopf für die nächste Einhornnummer, da –

»Keine Bewegung, Gängster!«, befahl Otto streng.

Romeo schnellte herum. »Der meint uns, Amigo.«

»Soll besser beim Verhaften helfen«, schnaubte Bocky.

»Polizei, Sie sind verhaftet«, brüllte Hubert. Dabei schwang er sein Lasso über dem Kopf.

»Das hat er verstanden?«, staunte Bocky. Doch Sista ahnte das Schlimmste.

»Otto, nein«, schrie sie verzweifelt. »Er soll die Männer verhaften, nicht die Pferde!«

Tatsächlich waren jetzt alle vier Diebe aus den Lastwagen gestiegen. Hastig rannten sie in verschiedene Richtungen davon.

Einer floh zurück in Richtung Fabrik. Ein Fehler, denn dort tauchte gerade Wampe auf. Dicht gefolgt von Jojo und Bonanza. Bis der Mann sich an dem dicken Pony und dem Mountainbike vorbeigedrängt hatte, waren kostbare Sekunden vergangen. Und dann stand er vor den Scheinwerfern von Lindas Geländewagen! Bonanza hängte sich an sein Hosenbein und knurrte wie ein drei-

137

mal so großer Hund. So viel Spaß hatte er lange nicht in einer Nacht.

»Aus dem Weg!« Eilig kam Hubert heran und ließ ein Paar Handschellen klicken.

»Was – was hat das alles zu bedeuten?«, fragte Linda verwirrt. Fürs Erste vergaß sie sogar, mit ihrer Tochter zu schimpfen.

»Der Mann ist verhaftet«, erklärte Hubert wichtig. »Wegen, äh –« Er kratzte sich am Kopf. Wusste immer noch nicht, was eigentlich abging.

Jojo betrachtete den gefangenen Dieb mit großen Augen. Da bekam sie plötzlich einen kräftigen Schubs von hinten.

»Wampe! Was soll das?«

Das dicke Pony nickte energisch in Richtung der Lkws, und Jojo begriff zum Glück sofort. Heftig zog sie Hubert am Ärmel: »Die anderen Männer, sie entkommen!«

Das wäre sicher auch passiert, wenn Bocky, Sista und Romeo nicht gewesen wären. In einem großen Bogen hatten sie die drei Männer umzingelt und galoppierten wieder um sie herum. Genau wie sie es vorher mit den Lastwagen gemacht hatten.

»Gängster-Kreisel!«, kommandierte Bocky.

»Yo Mann«, nickte Romeo. Sista brauchte einen Moment, dann verstand sie: Runde um Runde zogen die Pferde den Kreis nun enger, bis die drei Diebe endlich Rücken an Rücken gedrängt dastanden. Langsam hoben sie nacheinander die Arme.

»Hilfe, Polizei«, rief einer. »Schaffen Sie uns die verrückten Viecher vom Hals!«

»Die sind doch gemeingefährlich!«, stöhnte ein anderer.

»Jungs, ihr habt's kapiert«, grinste Bocky.

Aber ob Hubert auch endlich verstanden hatte, wen er verhaften musste?

Mit grimmiger Miene kam der Polizist hinter den Lastwagen hervor. Schon wieder hielt er sein Wurfseil in der Hand.

Sista ging lieber kein Risiko ein. »Gängster-Kreisel öffnen«, rief sie entschlossen. »JETZT!«

»Seit wann gibst du hier die Befehle?«, schnaubte Bocky. Aber er tat, was Sista gesagt hatte. Die Gängster-Pferde stoben auseinander, und im selben Moment ließ Hubert auch schon das Lasso fliegen. Eine Sekunde lang schwebte die riesige Schlinge hoch über den Männern in der Luft. Dann sank sie hinab. Hubert zog blitzschnell zu, und die drei Diebe schauten verdattert: Das Seil hatte sie zu einem handlichen Paket zusammengeschnürt.

»Wahnsinn, Mann«, keuchte Bocky.

»Der hätte uns glatt mit eingepackt«, ächzte Romeo. »Danke, Sista.«

Er schaute Bocky an. »Willst du vielleicht auch was sagen?«

»Tja ...« Bocky überlegte einen Augenblick, dann grinste er: »Schätze, das war's mit der Probezeit.«

»Mach's bloß nicht zu feierlich, Kumpel.« Jetzt grinste auch Romeo.

»Heißt das, ich –« Sista schluckte. »Hab ich bestanden – ihr nehmt mich auf?«

»Gängster-Pferde ho«, sagten die beiden im Chor und hielten ihr die Hufe zum Einschlagen hin.

»Gängster-Pferde yo«, flüsterte Sista, plötzlich ganz benommen vor Glück. Feierlich oder nicht, das war ihr gerade vollkommen egal. Dies war mit Sicherheit der schönste Moment ihres Lebens!

GERETTET!

Der Mond war untergegangen. Der Himmel wechselte seine Farbe von schwarz zu tiefblau, und am Horizont breitete sich ein hellroter Schimmer aus. Die bisher aufregendste Nacht in der Geschichte von Chili ging zu Ende. Nur eine Handvoll Menschen hatte etwas davon mitbekommen. Und selbst die wussten immer noch nicht ganz genau, was eigentlich los war. Bis Jojo neugierig in den hinteren Lkw linste und die gestohlenen Fässer entdeckte.

»Darlings geheime Suppenwürze?«, wunderte sich Hubert. »Darum ging es also die ganze Zeit ...« Dann wurde ihm endlich klar, was das bedeutete: »Otto, wir haben Chili gerettet!«, sagte er stolz.

Linda lud Jojos Mountainbike in den Geländewagen und fasste ihre Tochter fest um die Schulter. »Also ich

will mich nur noch ins Bett retten«, seufzte sie. »Steig ein, Jojo. Du auch, Bonanza! Wampe findet allein zurück. Erklären könnt ihr mir das alles morgen.«

Während der Wagen langsam den Weg hinunterrumpelte, schaute Jojo noch einmal zurück. »Schon wieder Wampe«, murmelte sie erschöpft – und schlief ein.

Oben auf dem Hügel standen Wampe und Otto sich Nase an Nase gegenüber.

»Von wegen Chili gerettet«, schnaubte das dicke Pony. »Vergiss bloß nicht, dass ihr das mir zu verdanken habt.«

»Pffft«, machte Otto hochmütig. »Sonst passiert was genau?«

»Sonst … Wirst schon sehen.« Wampe grinste hinterlistig. »Ich hab neuerdings ein paar richtig nützliche Connections.«

DIE LETZTE MÖHRE

Ein paar Tage später faulenzten die Gängster-Pferde am Bach hinter der Bully Farm. Seit der Sache mit den Gewürzdieben war Sista nur noch einmal kurz zu Hause gewesen. Bei der Gelegenheit hatte sie Otto weisgemacht, sie wollte nun doch für die Polizeischule lernen – und zwar im Bohnenfeld. Da konnte sie sich angeblich am besten konzentrieren. Seitdem trieb sie sich mit Bocky und Romeo herum und genoss das freie Leben in vollen Zügen.

»Hey, Sista«, feixte Bocky gerade, »heute schon was gelernt?«

»Klar, Boss – Gängster-Pferde sind schlauer als die Polizei erlaubt!«

Sie lachten. Dann hob Romeo plötzlich den Kopf:

»Ich glaub, da ist jemand.«

144

Tatsächlich, kurz darauf kam Wampe um die Ecke geschlurft.

»Der Doppelmoppelagent«, grüßte Romeo. »Was verschafft uns die Ehre?«

»Neuigkeiten.« Wampe ließ sich neben Sista ins Gras plumpsen.

»Und? Schieß los«, verlangte Bocky. Doch Wampe grinste bloß.

»Habt ihr mal ausgerechnet, was ihr mir noch schuldet? Bevor ich was sage, will ich mindestens 'ne Anzahlung.«

Romeo lachte. »Hey, Sista, hast du nicht noch die Monstermöhren aus dem Polizeigarten?«

Das stimmte. Sista hatte Wampes Anteil die ganze Zeit über aufgehoben. Sie hatte allerdings gehofft, die anderen hätten das inzwischen vergessen.

»Im Stall«, sagte sie widerstrebend. »Aber sollten wir die nicht lieber … na ja, zurückgeben?« Dass Hubert ihretwegen nicht beim Gemüsewettbewerb mitmachen konnte, lag ihr immer noch ein wenig im Magen.

»Zurückgeben, wieso das denn?« Bocky schüttelte den Kopf.

»Das willst du nicht wirklich«, sagte Wampe. »Nicht, wenn du weißt, was ich weiß.«

Dann ließ er die Bombe platzen: »Hubert hat jetzt was Besseres als den Karottenpokal. Er ist nämlich befördert worden. Weil er doch die Gewürzdiebe gefangen hat – ganz ohne Hilfe.« Wampe ließ das wirken.

»Ohne – was bitte?«, schnaubte Bocky. »Ohne unsere Hilfe hätte der nicht mal seinen eigenen Allerwertesten verhaftet!«

»Musst du mir nicht sagen«, nickte das dicke Pony.

»Aber so sieht's aus: Hubert ist jetzt Oberpolizist. Und August Darling persönlich hat Otto zum Dank eine schicke Schleife verpasst. Hat dein Bruder mir alles haarklein erzählt, Sista. Und, ach ja, Bocky und Romeo werden immer noch gesucht. Wegen Unruhestiftung.« Wampe gluckste. »Was ist jetzt mit meinen Möhren?«

»Sofort.« Sista rannte in den Stall und kam Sekunden später mit den Karotten zurück. »Die beiden tun so, als hätten wir gar nicht geholfen?«, fragte sie entrüstet.

»Mhampf henau«, kaute Wampe.

»Oh!« Sista stampfte mit dem Huf auf. Wenn sie daran

dachte, wie viel Sorgen sie sich vor Kurzem noch um ihren Bruder gemacht hatte! Sogar um Hubert!

»So ein … ein … BLÖD-OTTO!!«, schimpfte sie wütend.

»Hey, Prinzessin.« Romeo stupste sie mit der Nase an. »Mach dir nichts draus. Ehrlich, wir sind nicht scharf auf Schleifchen und so. Und du weißt jetzt wenigstens ganz genau, wo du hingehörst.«

»Nämlich zu uns«, nickte Bocky. »Komm schon, Sista, wer zuerst im Wasser ist!«

In dieser Nacht träumte Sista wieder, dass sie mit Bocky und Romeo über die Felder galoppierte. Romeos Mähne wehte im Wind, und alle drei ließen ihre Schweife wie Fahnen hinter sich herflattern. Weit hinter ihnen am Horizont versuchten Otto und Hubert vergeblich, sie einzuholen.

»Zwecklos, Bruderherz«, flüsterte Sista im Schlaf. »Gängster-Pferde, ho!«

Zur selben Zeit unten in der Stadt, huschte Jojo heimlich über die Straße in Huberts Garten. Am nächsten Mor-

147

gen würde der Polizist dort die größte Möhre finden, die jemals in Chili gewachsen war. Als Wiedergutmachung. Jojo hatte die Königskarotte am frühen Abend in Wampes Stall gefunden. Seitdem wusste sie, dass sie von Anfang an recht gehabt hatte: Wampe war doch ein echter Gängster!

© Isabelle Grubert

Andreas Hüging war Musiker und Komponist,
bevor er zu schreiben begann, Angelika Niestrath
kommt aus der Buchbranche. Die Gängster-
Pferde sind ihr viertes gemeinsames Kinderbuch.
Das Paar lebt und arbeitet in der Grafschaft
Bentheim, in Berlin und auf Reisen.

© privat

Seit ihrem Abschluss 2016 in Kommunika-
tionsdesign an der Fachhochschule Aachen, lebt
Caroline Opheys in der Rheinstadt Düsseldorf.
Hier arbeitete sie in verschiedenen Werbe-
agenturen in der Kreation, bis sie schließlich
ihren Weg in die Illustration fand.

Angelika Niestrath & Andreas Hüging /
Anna-Lena Kühler
Die Gäng vom Dach

160 Seiten
Hardcover mit farbigen Illustrationen
ISBN 978-3-7641-5141-6

Ab 7 Jahre

Mutig, frech & heldenhaft – 3 Tiere erobern die Stadt!

Nachts, wenn die Menschen schlafen, übernehmen die Tiere die Stadt. Sie spazieren ungeniert durch die Straßen, klettern auf Dächer und Balkone und fahren sogar U-Bahn! Wolle Waschbär und die Eule Lulu sind die frechsten und übermütigsten Tiere von allen. Eines Nachts, beim Plündern der Müllcontainer hinter dem Supermarkt, lernen sie den Marder Ecki kennen. Und der ist schlicht gefährlich! Klar, dass die drei schnell dicke Freunde werden. Fortan treffen sie sich Abend für Abend in ihrem gemütlichen Dachbodenversteck und schmieden Pläne für das nächste große Abenteuer …

Ein tierisch-turbulentes Lesevergnügen!

Hendrik Lambertus / Alexandra Helm
Die Mitternachtsschule
Erste Stunde Geisterkunde

160 Seiten
Hardcover mit farbigen Illustrationen
ISBN 978-3-7641-5157-7

Ab 8 Jahre

Gruseln will gelernt sein!

»Lieber Milan, willkommen an der Schule am Friedhofswinkel! Bitte bringe etwas zum Schreiben und einen kleinen Imbiss mit, der für Deine Art verträglich ist (lebende Maden und Würmer sind im Schulgebäude nicht erwünscht). Schulbeginn ist heute um Punkt Mitternacht.«

Handelt es sich um einen Scherz? Warum sollte Milans neue Schule zu nachtschlafender Zeit anfangen? Doch als er sich pünktlich um Mitternacht am Friedhofswinkel einfindet, wird ihm schnell klar, wieso: Seine neue Schule ist eine Monsterschule und er der einzige Mensch unter Vampiren, Irrlichtern, Ghulen und Nebelgeistern! Wie lange wird Milan wohl unentdeckt bleiben?

Eine monstermäßig starke Schulgeschichte!

GEFÄHRLICHE LANDSTREICHER

ROMEO

GEFÄHRLICHE LANDSTREICHER

BOCKY BILL

GÄNGSTERIN AUF PROBE

SISTA